別跟內心怪獸拔河

接納與承諾治療的生活法則

湯國鈞　黃志明　著

別跟內心怪獸拔河——接納與承諾治療的生活法則
作者／湯國鈞　黃志明
策劃編輯／伍詠慈
美術設計／楊仲文
內文插圖／葉巧兒
出版發行／突破出版社
香港沙田亞公角山路 33 號突破青年村
電話：2632 0000　傳真：2632 0388
電郵：breakthrough@breakthrough.org.hk
網址：http://www.breakthrough.org.hk
http://www.btproduct.com
承印／海洋印務
2022 年 8 月初版 1 刷
2023 年 10 月初版 2 刷

Don't Play Tug-of-war with Your Inner Monster:
A Guide for Living by Acceptance and Commitment Therapy
by Anthony Tong & Tony Wong
First Printing, First Edition, August 2022
Second Printing, First Edition, October 2023

Printed in Hong Kong
ISBN 978-988-8562-62-6

生 活 與 輔 導

關懷、連繫、復和、

溝通、對話……

凝視心之脈動，

直到重新尋獲自己的心。

謹以此書記念我的摯友游秀慧女士，

感謝她一生對本地精神健康的巨大貢獻。

湯國鈞

謹以此書獻給一班我所認識的朋友、同事和病人，

願與你們同享接納與承諾人生的智慧。

黃志明

目錄

接納經驗 承諾前行

豐盛人生

序一：Living the Life You Hoped For

Life has changed. Rapidly.

Just a handful of years ago most of us could suppose that mental health issues (anxiety, depression, substance use) are things only a small percentage (15%? 20%?) of the population experienced. The rest of us should just try to be supportive and kind.

Now we know that stress can be almost universal. Young people are now suffering like never before.

We could suppose that mental health was not all that important to behavioral health (diet, sleep, exercise, rising to the challenges of physical diseases) or social wellness. Now after a global pandemic we have all experienced how central being together with friends and family can be and how painful it is to be cut off from others as we face fear of illness.

Today, we know that psychological strength is as important as physical strength and needs to be worked on as regularly and diligently as we do our stretches and conditioning.

Fortunately, behavioral science has answers in hand. Literally thousands of scientific studies have focused on a small set of six mental skills that have a big effect on whether people can rise to life challenges such as the ones I've listed. These skills predict what will happen after the death of a loved one, after a cancer operation, or after a panic attack. They predict mental health, behavioral health, and social wellness. And most importantly they can be learned.

The World Health Organization recently found that teaching these six skills lifted up South Sudanese refugees who had escaped to Uganda with nothing but their children and their clothing (Tol, et al., 2020). They could reduce by nearly half the mental health disorders developed by Syrian refugees who had escaped to Turkey with nowhere to go (Acarturk et al., 2022). As a result, WHO now distributes a free training program in 23 different languages, including Chinese (bit.ly/WHO_ACT) to train people in these psychological skills and they state on their website that these methods are "for anyone who experiences stress, wherever they live and whatever their circumstances."

This set of skills is called "psychological flexibility" and it is the smallest set of skills known to science that does the most good in the most areas. What you have in your hand is one of the first books originally written in Chinese that targets psychological flexibility. Acceptance and Commitment Therapy or Training ("ACT" in either case) is the fastest growing psychosocial intervention method known because ACT was originally developed to enhance psychological flexibility (Hayes, 2019). As attention to psychological flexibility grows, we learn more and more how important and broadly applicable it is and across China there is increased attention to it in business, sports, health, relationships, and traditional mental health areas, just to name a few key areas.

Tong and Wong have been studying and implementing ACT for years and are ideally suited to put the meaning and message of psychological flexibility into your heart, head, and hands.

Here are the six aspects of psychological flexibility. We have all faced losses, or distress over sadness, or stress and anxiety as part of the pandemic so let's take them as a target example to explain these processes.

Learn how to feel in an open flexible way. Life is a rich soup of emotions, sensations, urges, and memories. We need to learn how to make room for them all. Research shows that people who respond to loss or distress over sadness with tears AND laughter; mourning AND honoring; missing AND appreciating are more likely to recover and even prosper. Post-traumatic growth is real. If you want that for yourself, start by opening the door to your own reactions to loss, or stress.

Notice your thoughts, but choose which thoughts to follow. If you have faced psychological challenges such as these you know you can watch your mind try to deny, negotiate a way out, blame others, threaten, withdraw, rationalize, or force a silver lining. Every mental move from every developmental era in your life will be trotted out sort of the way you stand in front of a broken vending machine that refused to deliver push every button, rock the machine, or hit the front panel – as if old silly moves will deliver what you want. When life happens, trotting out old moves that you know are not helpful is not what is needed. You need to find more subtle and useful thoughts that encourage you to reach out to others, to change in ways you know are healthy, or to give yourself or others a moment of kindness.

Attend to what is of importance here and now. As you begin to take in a psychological challenge such as stress you need to direct your attention to what is of importance in the present moment. You need to learn to let go of rumination and worry and instead broaden your focus. You are here. Now. This moment contains life in full measure. Breathe it in.

Connect in consciousness with others. Once upon a time, long, long ago, someone who loved you looked in your eyes and said "oh, you sweet baby" and your brain responded with a gusher of natural opiates, as if to say, "this is what I want." Such moments were your invitation to join the human community, and in times of difficulty we need those moments of love and connection more than ever. Don't bow your head and close your eyes as if hiding away will make it better. Instead, both metaphorically and in actuality lift your head up and open your eyes to connect with others. You can do this. You rise to these challenges. We are all in this together.

Choose your best self. Think of a person who might give you guidance on how to be your best self amidst a powerful psychological challenge. If you could pick anyone, who would it be? Don't do this in a purely logical way – let your very soul speak to you and then choose. Then think about that person and how they carry themselves in life. My guess: you picked someone who displays values you admire. If you were to put those values in into your heart, what might you do to deal step forward? Might you write a letter of gratitude? Might you call someone and share? Might you help others deal with similar challenges?

Go for it. Your heart just gave you a "values road map." Now it is time to put it in action. On the flip side of psychological pain is what you love and care about. That is always true since we hurt where we care and we care where we hurt. Going for it – values based action – is how we deal with psychological challenges in a healthy way: write that letter, make that call, or teach out to help others – or whatever other destinations are there on the road map your heart provided. Develop the kind of life that the values road map gives you – that is the attraction of a life well lived.

It turns out this is not a model of psychotherapy – it's a model of mental, behavioral, and social health and wellness. It's a model of living that pays off in every area of your life. It can be learned, and it is quite reliable in leading to positive outcomes.

What you have in your hand is a key to your own future. You don't have to learn life's hard lessons by trial and error, you can follow an evidence based and proven pathway to health and prosperity. Science has tested every one of these ideas. If you ready to begin, what is standing between you and doing so?

Open the book. Turn the page. And begin a new chapter not just in this book, but in your life.

Steven C. Hayes, Ph.D.

Foundation Professor of Psychology University of Nevada, Reno

Author of *Get Out of Your Mind and Into Your Life*

and originator of Acceptance and Commitment Therapy (ACT)

References

Acarturk, C., Uygun, E., Ilkkursun, Z.,... & Barbui, C.(2022). Effectiveness of a WHO self-help psychological intervention for preventing mental disorders among Syrian refugees in Turkey: A randomized controlled trial. *World Psychiatry, 21*, 88-95. DOI: 10.1002/wps.20939

Hayes, S. C.(2019). *A liberated mind: How to pivot toward what matters*. New York: Penguin/Avery.

Tol, W. A., Leku, M. R., Lakin, D. P., Carswell, K., Augustinavicius, J., & Adaku, A.(2020). Guided self-help to reduce psychological distress in South Sudanese female refugees in Uganda: A cluster randomised trial. *Lancet Global Health, 8* (2), E254-E263. DOI: 10.1016/S2214-109X(19)30504-2

序二

有幸提早拜讀這本關於接納與承諾療法的書，十分欣賞湯國鈞博士及黃志明博士對 ACT 的熱誠及對讀者的關愛，他倆把好些生澀的抽象概念，以深入淺出的中文闡釋出來。特別喜歡這書的實用性，每闡述一個概念之後，附帶適當的問題讓讀者反思，更有不少清晰易明的比喻及小練習，並附有好些聲音伴讀檔案，也特意解釋了 ACT 在抑鬱與焦慮情況上的應用。無論讀者希望促進個人成長抑或嘗試「自療」，同樣受用。

ACT 作為第三代的認知行為療法，實在有很多可取之處，它的效用已獲得反復的臨牀實證。筆者的其中一位學生，也曾在她的臨牀心理學博士論文中對 ACT 的思想抽離方法進行實驗，證明的確有效減輕負面思想糾結所帶來的負面情緒。在提供心理治療的過程之中，筆者也常會用到 ACT 的概念與練習；正如書中提及，我們的情緒感受很容易受到思想所影響，我常半開玩笑地提醒受助者，別要在不知不覺下「諗吓就當真」。讀者們也許聽過：強迫症的患者常會經歷各樣的入侵思想（Intrusive thoughts），例如：思想「說」他們出門之前沒把電器關好，或說他們剛經過交通燈時撞倒途人，又或說他們必須重複數某些數字，否則家人會遭逢不幸等等……不少患者理性上都知道這些思想發生的可能性甚低，可是當一些具威脅性的思想出現在腦海時，往往很是「黐身」，揮之不去；如果我們向這些入侵思想投降而作出相應的行動，便會墮入強迫症的圈套，無限輪迴！ ACT 教我們要與思想保持一個適當的距離，察覺這些只是一些想法，當我們願意做些練習去減輕思想及情緒糾結，便可重獲選擇怎樣回應這些思想的自由，包括可以置諸不理、把心力放在更有意義的事情上。

ACT另一個特色是對「快樂作為副產品」及心理安康(Psychological well-being)的重新演繹。筆者遇過不少在人生之中充滿苦難的受助者，他們的堅毅不屈常令我十分敬佩；我觀察在困難之中屹立不倒的人都有一些特質——他們不再重複問「為何苦難要發生在我身上」、不追求時常開開心心或「冇壓力」，而是緊守着心目中的意義及價值，迎難而上；這都跟ACT的理念十分吻合，亦很適用於近年經歷幾番風雨的香港人。

作者們在闡述ACT的概念及應用之餘，不忘提醒讀者「慈心」的重要性。香港是個充滿競爭的社會，事事講求效率、追求完美，往往令人對自己或別人都不停挑剔批評，漸漸失去體諒，要求變得無理，為自己及身邊的人帶來極大壓力。祝願讀者們慢慢領略如何擁抱經驗、在一個意義主導的人生中砥礪前行的同時，也不忘對自己及別人釋出慈心，並享有心理安康！

李詠茜博士

香港大學心理學系實務副教授

誠信綜合治療中心顧問臨牀心理學家

序三

本地對於精神健康素養的教育，多集中於認識精神困擾和求助方法，對於講述心理治療方法的書籍比較少。接納與承諾治療（簡稱ACT）是第三波認知行為治療的其中一種，而這本書正是香港，甚至是華人社會，第一本論述這療法的書籍。

我和湯博士與黃博士的認識，亦是源於接納與承諾治療。幾年前，我參與了在香港大學舉行的一個由 Professor Steven Hayes 主講的接納與承諾治療工作坊，讓我見識到這種嶄新的心理治療模式，其出發點和手法都有別於當時常用的心理治療。之後，知名的 ACT 治療師 Dr. Robyn Walser 成為我的臨牀督導，而因湯博士邀請 Robyn 來港做工作坊，我與兩位作者遇上，更有幸一起成立了國際語境行為科學協會香港分會(Association for Contextual Behavioral Science Hong Kong Chapter)。這個承諾行動讓我們在香港和華人社會，得以藉着 ACT 作出些微的貢獻。

湯博士和黃博士在 ACT 這方面知識廣博，往往在羣組內分享他們的知識和經驗，讓我獲益良多。接納與承諾治療讓我在臨牀上，能夠幫助一些其他方法幫助不了的精神病患者以及他們的家人。這個承諾行動背後的價值觀，可說是貢獻、學習和愛。

這本書由人類的困苦說起，解釋困苦的心理起因與其不能逃避的事實。隨後，以深入淺出的方法探討接納與承諾治療的六個主旨。作者於每一個主旨，除了解釋背後的理論外，也以許多比喻、故事、生活化的例子與多媒體來作闡述和演繹，讓讀者能夠輕易掌握與及應用。

這是一本令人期待已久，以華人背景書寫的不可多得的心理學作品。

黃藹賢

精神科專科醫生

作者序一

這是一本關於接納與承諾療法（Acceptance and commitment therapy，簡稱 ACT）和心理靈活性（Psychological flexibility）的中文書，乃我與黃志明博士所合著。黃博士是我多年的同事兼好友，大家都對接納與承諾治療充滿熱誠，此書的創作成就了一個奇妙而愉快的歷程。只要你對心理健康感興趣，不論你是正受心理問題困擾，抑或從事心理輔導或治療的工作，這書都是為你而寫的。

作為臨牀心理學家，心理健康一直是我關注的重點。雖然多年來接受過各種不同心理治療的訓練，尤其是認知行為治療，但總覺得過於以問題為本和聚焦病徵的介入手法，始終未能為「如何才能活得好」這人生課題提供答案。因此，多年前我開始研究正向心理學（Positive psychology），希望能夠尋找到心理健康和美滿人生的鑰匙，雖然收穫甚豐，然而它始終存在着一個限制，就是不能提供面對人生苦痛時如何自處的方法。

經過在多年尋尋覓覓，最後，讓我發現被稱為第三波的認知行為治療——接納與承諾療法，正好能提供較圓滿的答案，因 ACT 既能幫助人面對人生的痛苦和心理的困擾，亦能為我們提供豐盛人生的指引。事實上，接納與承諾療法既是心理治療手法，亦是心理健康模式，甚至是一種人生哲理。ACT 其中一個特色，就是提倡坦然地迎向所有真實的經驗，不要抗拒或逃避，因我們並不等於任何的經驗，我們只是經驗的承載者，「我」乃是獨特而寶貴的。另一方面，我們亦不必被自己的思想所控制，事實上很多困苦情緒都是源於糾結的思想，例如過分的指責和慣性的自卑等。反之，接納與承諾療法 / 訓練極力鼓勵人認清自己的核心價值和信念，努力追求過一個充實而具意義的生活，而深刻信念和承諾行動正是帶來生活改變和進步的要素。

若想得到以上的經驗，我們就需要具備 ACT 提出的心理靈活性的六個向度：脫離糾結、接納經驗、專注當下、以己為境、確立價值和承諾行動。這書會為你深入淺出地闡述這六個向度，我們不單只在理論層面儘量清楚講解，更為讀者設計了不少體驗活動和練習的機會，務求讓讀者能夠在生活中實際應用。在此特別感謝劉月嫻女士為此書的練習錄製聲帶，讓讀者能藉二維碼跟隨聲帶的指引來作練習。

我亦希望藉這機會感謝我的太太和女兒，她們是我一直以來最強大的支持和後盾。此外，我亦要感謝多年來接受我治療的病人和受助者，是他們教曉我如何面對困苦和人生的挑戰，並讓我體會到接納與承諾治療的精粹和力量；正如此療法的創立人 Professor Steven Hayes 所言，治療者和受助者皆是同坐一條船，分享着共同的人性，我們只是比受助者走先幾步而已！

最後，我要感謝我的上帝，感謝祂賜我一切的能力和機會，讓我可以與人分享心理健康和豐盛人生的秘訣。

湯國鈞

作者序二

一年多前，同事兼好友湯國鈞博士邀請我共同書寫此書，我感到非常榮幸和極有意義。我在過去十多年間，常將接納與承諾療法用於臨牀工作之中，發覺療效昭著。它最特別的地方不限於幫助病人舒緩痛苦、減少情緒不安，更重要的是幫助病人重新發現自己的人生方向。換另一個說法，隨着療程的進展，病人已學會不再糾結於原來的問題之中。

最近我見過一個個案，當我問她人生中最重要的是什麼時，她直截了當地回答，她從來沒有想過這個問題。事實上，正因她糾纏於痛苦的困擾之中，一直沒有給自己機會去正式想過這問題。在協助下，她慢慢發現，確立人生的價值和承諾行動，能夠更完整地幫助自己，在重重的人生困難之中仍能堅持走下去。

愈接觸接納與承諾療法，愈發現它更像是一套有效的人生哲學——就如人生指南，帶領我們從不能避免的痛苦之中走過來，並繼續活出精彩和豐盛的人生。寫畢此書，就如走過一趟關於人生的奇妙旅程，頓感茅塞頓開。當然，我更希望作為讀者的你，能於字裏行間感受到這套療法的力量，讓你可以重新思考自己的人生，調校方向，為明天重新啟航！

本書得以順利出版，我先要感謝湯博士邀約，在成書期間，互相討論，砥礪切磋本書的重點。我亦要在此感謝我的母親，多年來眠乾睡濕地撫育我成人，我的太太，為我帶來各種人生的先見，以及我的好同事和好友。最後亦是最重要的，我要多謝一班二十多年來我看過的病人，他們的人生故事讓我看到人性的共同光輝，讓我在寫作的時候得着真實而美好的素材。

黃志明

快樂有何難？

第一章

尋找快樂之路

真正的快樂是內在的，

只有在人類的心靈裏才能被發現。

布雷默

人生最大的快樂是致力於一個自己認為偉大的目標。

蕭伯納

何謂快樂？

你快樂嗎？在勞勞碌碌的生活中你有否停下來，問一問自己這個問題？

你認為人生是樂多於苦，還是苦多於樂？

無論你的答案是什麼，有一點你一定會認同，就是每個人都希望擁有一個快樂的人生，可惜理想並不一定能實現。

追求快樂的確是無數人的人生目標，自小就用功讀書，希望獲取好成績，入名校，選取心儀的學科；畢業後開始在事業上打拚，不斷追求更好的職位、更高的薪酬、更大的成就，為的是什麼？不就是為了可以擁有更安定的生活、更舒適的享受嗎？這正是許多人夢寐以求的目標。

可是，人生並非這樣簡單，這個快樂的藍圖有幾個未能處理的問題。第一，努力的人生並不能保證有必然的回報，能否達成目標或成功與否，還視乎很多你不能控制的因素。很多人雖然非常努力追求以上的目標，但仍是敵不過大環境、運氣、個人的限制等，往往事與願違，理想落空。如果你將自己的快樂（happiness）建築於外在環境（happenings）之上，這種快樂並無保證，也不長久，因太多外在環境因素非你所能控制。我們在臨牀工作中見過許多這樣的例子，即使當事人怎樣努力和能幹，一個意外或一場大病就可以摧毀一切，以致快樂不再。也許年紀愈長，歷練愈多的人，愈會明白箇中的道理。

另一個問題與我們慾望的本質有關。即使你的努力獲得相應的回報，幸運之神又願意眷顧你，你得到所渴求的，很享受你的成果，但這狀況可以維持多久呢？興奮滿足過後，你會漸漸地感到一切也不外如是，你要追求更大的成功、更高的目標，於是你會再次投入這個不停追逐的遊戲之中。無窮的慾望是快樂的動力，可惜也是痛苦的根源，就像口渴的人不斷想用鹽水來解渴一樣，注定是沒有好結果的。

也許你會有不同追求快樂的途徑，不會如此依賴外在的成功帶來的滿足與快樂，你追求的單純是愉快的感覺，可以是來自非常簡單的事情，例如做運動、品嚐美食、旅行、朋友相聚、投入嗜好，就是做喜歡的事情，心情自然愉快，並不需要什麼遠大的目標或高超的成就，只需感覺良好（feeling good）就已足夠了。這不是很容易嗎？快樂又有何難呢？

這種想法看似合理，其實也有它的問題。將快樂等同於良好的感覺，似乎是理所當然，快樂當然是愉快的感覺嘛！然而，過分看重主觀感受會產生一個問題，就是這種快樂很難長久和穩定，因主觀感受，如感覺和心情，都是容易改變的，你很難操控自己的感覺使它不變。情緒是會隨際遇而變化，不同的經驗自然產生不同的情緒，想控制也控制不來的。當你難過時，你能否叫自己別要不開心就回復正常的心情呢？又或者叫自己開心些就自然地開心起來呢？如果感受或情緒不是這樣容易受我們控制的話，那快樂的感覺就不可能長久不變。像天氣的變化一般，我們的心情也會有好的時候和壞的時候，這是最自然不過的事情。

也許你仍會反駁：即使如此，我仍可儘量增加愉快良好的感覺或情緒，減少不愉快和痛苦的情緒，不就是增加快樂的良方嗎？這種想法有它的道理，但仍有難以解決的問題。首先，你真的可以主宰心情，刻意增加愉快的情緒嗎？只怕不是這樣容易，更遑論要減少不愉快和痛苦的情緒呢！其次，若你太注重自己的心情變化，只會因不能製造愉快情緒而失望，或因不能擺脱負面情緒而沮喪，恐怕只會製造更多的煩惱，作繭自縛。

還有一點是現代心理學和腦神經科學告訴我們的，就是我們的心智（mind）是帶有負面傾向（negative bias）的[1]。怎樣説呢？為了生存，我們遠古的祖先對周圍環境的潛在危險特別緊張和留意，第一時間就要知道哪裏有猛獸，哪裏有天災或者敵人，好能迅速採取自我保護的措施，就是攻擊或逃跑的反應模式（fight or flight response），這樣性命才可保存下來。因此，從我們遠古的祖先演化出來的人類心智，是對負面的情況或威脅特別敏感的。在大腦的情緒中心邊緣系統（Limbic system）中負責警報功能的杏仁核（Amygdala），就是我們焦慮和恐慌情緒的發源地。為了生存，我們需要安全和安全感，所以會容易產生焦慮和擔憂，或者憤怒，這些都是對潛在威脅的自然反應。因着心智上的負面傾向，要得到快樂和減少痛苦也就變得不簡單了。

你怎樣定義快樂？你認同以上的觀點嗎？你又有何快樂的良方或秘訣呢？

意義人生

談到這裏，你可能已經開始感到氣餒（或者氣憤），追求快樂既然在人生中如此重要，但似乎又這樣困難，那我們是否注定要過一個不快樂的人生呢？一切的努力是否都是白費的呢？當然不是！其實，一切在乎你對快樂的定義，**若果你不將快樂等同感覺良好或愉快情緒，而視快樂為內心的滿足，這樣的心理狀態可以較長久地維持，因關鍵是個人對人生的態度、信念和承諾，會較少受到易變的外在環境或心情影響。**

我們能夠重新定義快樂，**快樂是指委身於追求和創造充實、豐盛而有意義的人生**，認定人生的內在價值（intrinsic values），全力去做你認為最重要和有價值的事情，這樣我們才可讓內心深處的渴求得到滿足，而這種滿足並非表面或一時的良好感覺所能比擬的。

當然，這種扎根於價值和意義的快樂，並不保證你只會經歷愉快正面的情緒。相反，在追求意義人生的同時，你很可能會經歷各種艱難的情緒，如疑惑、沮喪、失望、憤怒、內疚、焦慮和不安等等，因在這追求的過程中，必然會遇到各種內外的攔阻和挑戰；外在的挑戰可能包括環境的限制、別人的批評或質疑等，而內在的則可能包括自我的懷疑和批判、鑽牛角尖的思想等。但只要你確定以價值為本的目標，委身於具意義的生活和行動，並願意經歷任何附帶的情緒經驗，那你的人生必然是豐盛而滿足的。

換一個說法，就是不要過於着重和追求快樂的感覺，而是要追求和創造充實而具意義的生活，這正是接納與承諾治療的作家羅斯・哈里斯（Russ Harris）的著作《快樂是一種陷阱》（*The Happiness Trap*）的主題：以追求快樂為目標的人生並不一定快樂，反而容易感到挫折和失望。[2] **真正的快樂，就如內心的滿足，是你追求有價值和意義的事情時所產生的副產品（by-product）**，如果將快樂看得太重，抓得太緊，像捉住一隻蝴蝶般，你只會把蝴蝶嚇走，甚至弄死。

因此，只有當你過的人生真正滿足你內心深處的需要或渴求，符合你的內在價值（即你真正覺得最重要的事情）時，你才會得到真正的快樂。當然，這種追求需要付出代價，不能缺少的是你的努力和堅持，包括克服困難的勇氣和毅力，但所得到的回報，如內心的滿足，絕對是值得的。

你知道自己內心深處的渴求是什麼嗎？這與你人生中所重視的事情有關係嗎？你是否願意過一個有價值和意義的生活？這能帶給你真正的快樂嗎？

接納與承諾治療

這本書的主題並非快樂，**而是從心理的向度提出如何過一個美好而有效的人生**。快樂只是預期的副產品而已，當然這個副產品也是非常重要和吸引的。這本書的論述是建基於近年備受重視的接納與承諾治療（也可稱為接納與承諾訓練，Acceptance and commitment training），它不僅是一套心理治療的理論和手法，更是一種心理健康模式和生活智慧。這個理論的創立人 Professor Steven Hayes 建議大家將這套療法縮寫為 ACT 並讀成 act（行動），就是想提醒大家美好而有效的生活是要用實際行動去建構的。真正能改變我們生活的是實際委身的行動，而非只停留於自己的感受和想法。他其中一本著作 *Get Out of Your Mind and Into Your Life*，書名就是希望帶出脫離內在糾結，以行動活出生命的意思。[(3)]

心理靈活性

對ACT這套心理治療與健康模式來說，心理健康的指標是心理靈活性（Psychological flexibility），而心理病態或問題主要是源於心理缺乏靈活性或僵化（Psychological inflexibility or rigidity）。什麼是心理靈活性呢？這是本書最重要的主題，先在此簡介一下，讓大家有一個初步的認識，往後會有詳細的介紹。簡而言之，心理靈活性能幫助你有效地應對現實，追求你想過的理想生活，當中包含以下六個重要的向度：

1 **脫離糾結（Defusion）：**你可以不被心中糾結的負面思想所纏繞，選擇有用的想法，以致能專注於有意義和重要的事情上。

2 **接納經驗（Acceptance）：**你可以迎向內心所有的經驗，包括思想、情緒、衝動、渴求等，如實地接受它們，不加以批判、對抗、控制或逃避，具備足夠的心靈空間去承載所有正負面的經驗。

3 **專注當下（Contact with the present moment）：**你可以專注於當下，與此時此刻緊密地連結，靈活地運用注意力，投入和細味當下的經驗。

4 **以己為境（Self-as-context）：**你可以擁有更廣闊的視野和更靈活的自我，從「覺察的自己」這個向度，觀看自己的經驗和自我論述，並能承載這些經驗而不被困於其中。

5 **確認價值（Values）：**你可以清楚認定什麼事情是對自己最重要，確立自己的人生方向和意義，知道自己想成為一個怎樣的人。

6 承諾行動（Committed action）：最後，也可能是最重要的一點，就是全力以赴，致力活出以價值和意義為依歸的生活，即使遇到大小的攔阻，仍然以實際行動來忠於自己對生命的承諾。

以下這幅六邊形圖涵蓋心理靈活性的六個向度：

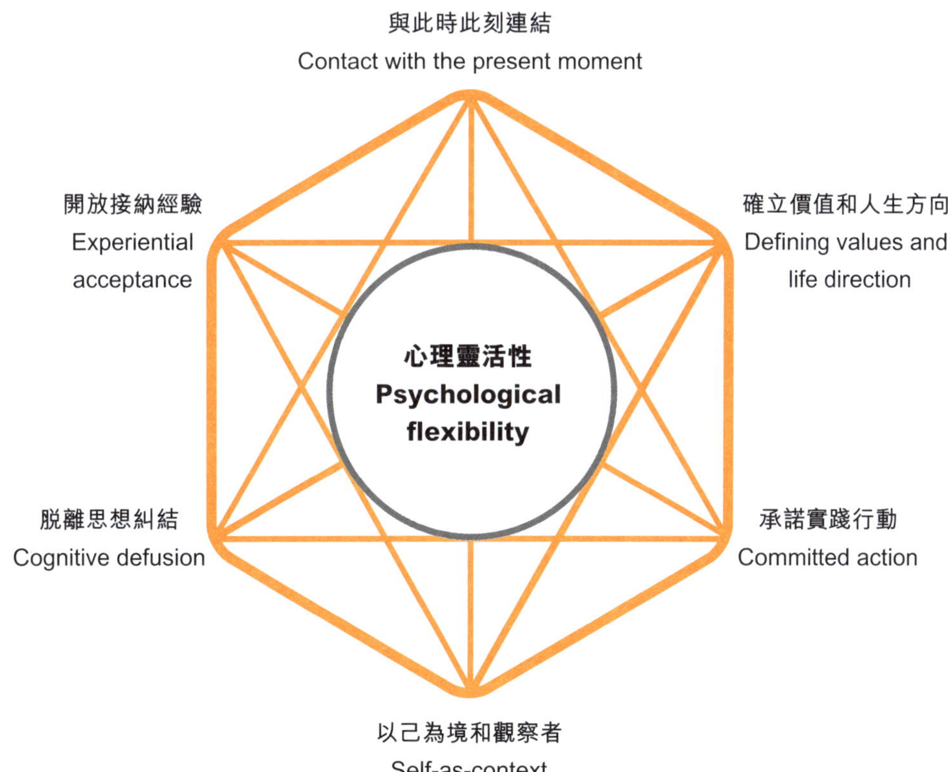

若仔細觀察一下，不難發現心理靈活性的這六個向度，其實涵蓋了個人心理結構的主要元素，包括**思想**（脫鉤）、**情緒**（接納）、**專注**（當下）、**自我**（覺察）、**動機**（價值）和**行為**（承諾）。若想要健康的心理，就必須在這六方面都取得平衡和發展，任何一方面的缺欠都可能造成心理障礙。

與心理靈活性相反的，就是**心理缺乏靈活性或僵化**，到底心理僵化的情況是怎樣的呢？以下這幅圖可闡明心理僵化的情況：

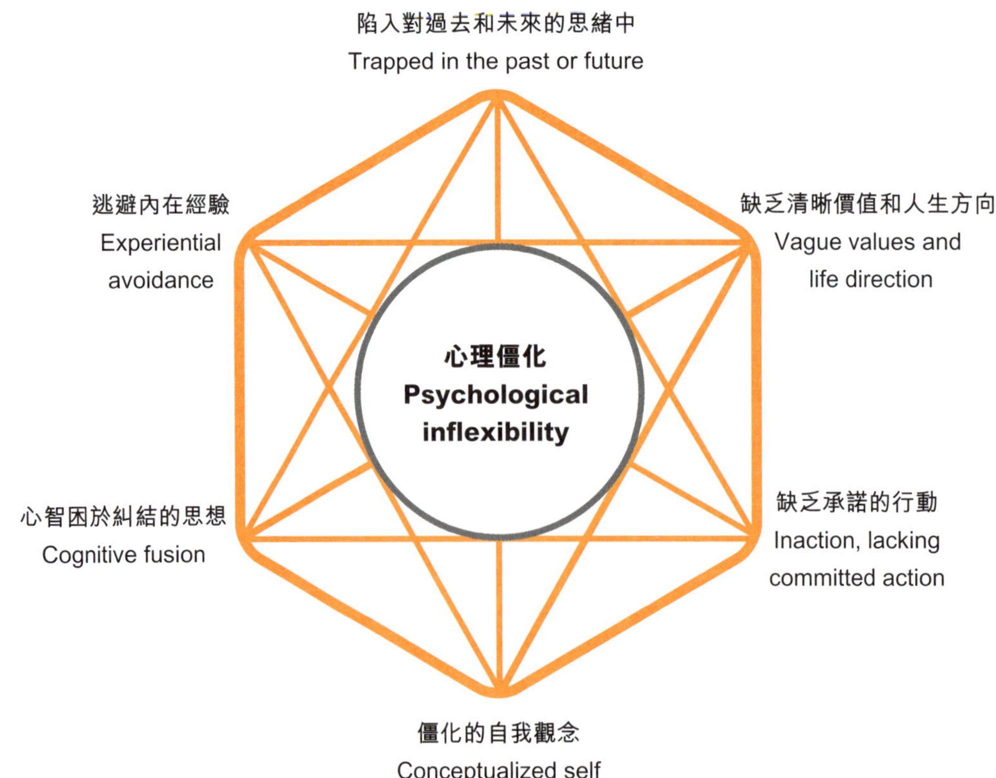

一個心理僵化的人，當他遇到生活難題或壓力時，很容易會陷入糾結的負面思想之中，不斷鑽牛角尖，整個人被固執的想法所箝制，不能靈活地因應現實。他會因害怕痛苦而極力逃避內在負面的經驗，缺乏空間讓自己的感受停留，只想一味去壓抑或控制情緒。

心理僵化的人很難與當下連結，因內心不斷遊走於對過去痛苦的回憶，或對未來的焦慮之中，以致不能靈活開放地專注於此時此刻的經驗，造成心理障礙。而且，這種人亦會抱着過分僵化的自我觀念，將自我等同於自己的經驗，過分地認同，缺少了一份抽離地覺察自我的能力和彈性。

心理缺乏靈活性的人在認定與追求人生價值和意義方面，往往也非常薄弱的。他們容易受困於負面的內在經驗（例如思想、情緒、慾望、衝動等），對人生的視野也非常模糊，不清楚什麼才是自己應重視和珍惜的事物，也不知自己有何人生目的和意義。而且，他們在生活中實際的行動往往也缺乏清晰的內在指引，容易被情緒左右而非以價值為本，以致未能建構充實而有意義的人生。

事實上，近年心理學界已經有無數的研究證明心理靈活性對心理健康的重要。心理靈活性可以減少焦慮症和抑鬱症等精神問題，也對改善強迫症、飲食失調症、藥物濫用、人際衝突等問題極為重要。[(4-7)] 反之，心理缺乏靈活性或僵化的情況是眾多心理問題和病徵的重要根源，而接納與承諾療法正是以提升心理靈活性和減低心理僵化為主要的治療目標，現在已有超過 3000 項文獻，包括約 700 個隨機分派臨牀試驗

(Randomized clinical trials) 的研究，證實其效用。[8]

此外，**接納與承諾治療具備一個非常吸引的特點，就是它有廣泛的應用性，不單只是一套心理治療，更可應用於不同的生活範疇之中**，例如學校教育、機構培訓和生涯規劃等，能促進心理健康和有效地提升生活質素 (quality of life)，更可指引受眾如何過一個豐盛而有意義的生活。

在進一步闡釋接納與承諾療法 / 訓練的重點之前，讓我們在下一章先為你介紹一下心理健康的藍圖，因這是大家都應該關注的範疇。

你認為自己擁有多少的心理靈活性呢？在它的六個向度之中，哪個是你做得最好的？哪個又是你最需要努力改善的？

參考文獻

1. Baumeister, R. F., Bratslavsky, E., Finkenauer, C., & Vohs, K. D.(2001). Bad is stronger than good. *Review of General Psychology, 5* (4), 323-370.

2. Harris, R. (2008). *The happiness trap: How to stop struggling and start living: A guide to ACT*. Boston: Shambhala Publications Inc.

3. Hayes, S. C.(2005). *Get out of your mind and into your life: The new acceptance and commitment therapy*. Oakland, CA : New Harbinger Publications.

4. Twohig, M. P., Vilardaga, J. C. P., Levin, M. E., & Hayes, S. C.(2015). Changes in psychological flexibility during acceptance and commitment therapy for obsessive compulsive disorder. *Journal of Contextual Behavioral Science, 4* (3), 196-202.

5. Bluett, E. J., Lee, E. B., Simone, M., Lockhart, G., Twohig, M. P., Lensegrav-Benson, T., & Quakenbush-Roberts, B. (2016). The role of body image psychological flexibility on the treatment of eating disorders in a residential facility. *Eating Behaviors, 23*, 150-155.

6. Twohig, M. P., Vilardaga, J. C. P., Levin, M. E., & Hayes, S. C.(2015). Changes in psychological flexibility during acceptance and commitment therapy for obsessive compulsive disorder. *Journal of Contextual Behavioral Science, 4* (3), 196-202.

7. Morton, J., Snowdon, S., Gopold, M., & Guymer, E.(2012). Acceptance and commitment therapy group treatment for symptoms of borderline personality disorder: A public sector pilot study. *Cognitive and Behavioral Practice, 19* (4), 527-544.

8. Thompson, B., Moghaddam, N., Evangelou, N., Baufeldt, A., & das Nair, R.(2022). Effectiveness of acceptance and commitment therapy for improving quality of life and mood in individuals with multiple sclerosis: A systematic review and meta-analysis. *Multiple Sclerosis and Related Disorders*, 103862.

第二章 心理健康藍圖

對於大多數人來說，

他們認定自己有多幸福就有多幸福。

林肯

一個人有了遠大的理想，

就是在最艱苦的時候也會感到幸福。

徐特立

主觀幸福論

你關注自己的心理健康嗎？你可知道心理健康和快樂有什麼關係？心理健康的人是否一定會快樂？心理健康到底是指什麼？包含哪些元素？

身體健康的指標較為清晰，如血壓、血糖、心肺功能、肌肉強度等，但心理健康似乎較難界定，到底是關乎個人主觀感受，還是性格特質、行為表現呢？或指個人與環境的互動？心理學界對此的見解可分為兩大陣形，一個為「主觀幸福感」（subjective well-being）理論，另一個為「心理幸福感」（psychological well-being）理論。這兩派的理論對了解心理健康都具啟發作用，不妨認識一下，然後我們會再介紹接納與承諾療法在這方面的見解。

「主觀幸福感」的理論以被稱為「快樂之父」的心理學家埃德·迪安納（Ed Diener）為代表人物。他主張幸福與否最重要的是個人的主觀體驗和感受，**如果你能擁有許多正面情緒（positive emotions），較少負面情緒（negative emotions），加上對自己的生活整體上感到滿意（life satisfaction），帶有正面的評價，那你就是幸福了。**[1] 若能夠擁有主觀幸福感的話，你的心理健康應該也會不錯。你可能發現這個理論與第一章提到的，快樂等同愉快情緒或感覺良好非常相似。這種理論的優點是你可以直接感受和決定自己是否幸福，幸福感（sense of well-being）是主觀的感覺和判斷，別人不能為你判斷你是否幸福，這看似非常合理。然而，這套「主觀幸福感」理論有一個極大的缺點，就是完全依賴個人的主觀感覺和經驗，缺乏客觀標準，並對正負面的情緒過於武斷。

讓我們先談談第二個問題。在這個幸福的定義中，假設了所謂正面或愉快的情緒都是好的，而所謂負面或不愉快的情緒都是壞和不好的。然而，真的是這樣嗎？緊張和焦慮都是不愉快的情緒，但在某些情況下它們可以是「好情緒」，幫助你提高警覺，推動你更加努力完成目標；又譬如你因做錯事而感到內疚或羞愧，這些「負面情緒」也可以產生非常正面的效果，使你記取教訓，努力改善，不再重蹈覆轍。如此看來，這些情緒不見得是負面，反而有正面積極的作用。所以，情緒是正面還是負面，要視乎現實情況和它對你的影響，而非一刀切的妄下判斷。簡單而言，主觀幸福感的方程式似乎過於簡化，未能全面考慮各種影響心理健康的因素。

這套理論的另一個問題涉及幸福的客觀標準。此理論完全依賴個人的主觀意識和經驗，並無考慮到現實生活中的表現。假設你主觀上覺得自己很幸福，對生活的滿意度也非常高，但你在工作的表現一塌糊塗，人際關係也非常差勁，對生活毫無把握，性格上也有很多缺點，你自覺的幸福感還有意義嗎？

心理幸福論

相對於「主觀幸福感」理論，另一個學派「心理幸福感」就似乎較為客觀和全面。此理論最有代表性的人物是心理學家卡羅．芮芙（Carol Ryff）。她的心理幸福感理論指出，幸福不能等同於快樂。她批評主觀幸福感理論太着重主觀感受，並認同亞里斯多德（Aristotle）的名句：「生命的目的不是要感覺多好，而是要活出美德。」（Where the goal of life isn't feeling good, but is instead about living virtuously）。**因此，至善才能達致幸福，心理健康的目標就是努力活出自己的真實潛能，達到至善。**

芮芙認為心理健康的人必須具備以下六個心理特質，在整體上才算擁有心理幸福感：[2]

1 獨立自主（Autonomy）：能夠自主地獨立思考和作決定，不受別人或社會壓制，能依據個人的準則自我判斷，行為上則可以自我調節。

2 環境駕馭（Environmental mastery）：能夠控制和駕馭複雜的環境，有效地利用環境所提供的機遇和資源，創造與自我價值和需要相符的條件。

3 正面關係（Positive relations with others）：能夠建立真誠和諧的人際關係，真心關心別人的福祉，擁有親密的友誼，互助互愛。

4 生活意義（Purpose in life）：具備生活的方向和目的感，找到過去和現在的生活意義，對人生抱正面的信念。

5 自我接納（Self-acceptance）：對自我持肯定的態度，能接納自己的優點和缺點，並對過去的自己持正面的態度。

6 個人成長（Personal growth）：自我處於不斷成長和發展的過程中，勇於嘗試新事物，實現自己的潛能，不斷提升自我效能和知識。

並且，芮芙認為在心理幸福感這六個向度之中，最重要的兩個向度應為「生活意義」和「正面關係」。

你較認同哪個理論：主觀幸福感還是心理幸福感理論呢？在心理幸福感理論的六個向度之中，哪個是你的強項？哪個卻是你的弱項呢？

幸福的三大元素

除了上述兩個幸福理論之外，被稱為正向心理學之父的馬丁·沙利文（Martin Seligman）對幸福（well-being）也有非常獨到的見解。他在名著《真實的快樂》（*Authentic Happiness*）中，指出幸福的人生或真實的快樂應該包含三個重要元素：**愉悦（pleasure）、投入（engagement）和意義（meaning）**。[3]「愉悦」乃指幸福應該是對自己的人生感到滿意，對過去和現在都抱有美好的感覺和正面情緒，如感恩、知足、神馳、細味、寬恕等等。「投入」是指積極投入現在的生活，具備清楚明確的生活目標，並能儘量運用和發揮自己的品格優點和潛能，善用時間，過充實的生活。至於「意義」，即找到自己人生的方向和價值，努力去過有目的和意義的生活。並且，沙利文認為人生目的和意義不應是只顧自己的利益，而是能超越自我，惠及他人，貢獻社羣，並同時能發揮自己的潛能和美德。

不難發現，沙利文的幸福論（Well-being theory）似乎較為全面，包含了主觀感受和客觀行為表現，這正是我們所認同的。然而，以上幾個幸福或心理健康的理論都有一個不足之處，就是沒有清楚指出可以透過怎樣的心理訓練或技巧達致如此境界，而這正是接納與承諾療法或訓練可以為你做到的，因它是一套全面而具體的心理訓練或治療，能為心理健康提供清晰的路線和藍圖。事實上，以上的幸福或心理健康理論都不能涵蓋一個重要的範疇，就是如何克服心理障礙和情緒問題，而心理或情緒問題是常見和難以逃避的，你很可能也有這方面的掙扎。所以，若想得到幸福和心理健康，就必須具備克服以上問題的能力，而這也是接納與承諾療法所擅長的，這本書將會為你逐一介紹當中的心理技巧。

然而，有一點非常重要，我們必須在此聲明。這書為你介紹的一套心理健康模式，是基於接納與承諾治療的理論和手法，目的是助你改善心理健康問題，並能過一個充實而具意義和價值的生活。**假若你正受嚴重的心理或情緒問題困擾，這書的心理自助模式並不能代替心理輔導或治療；有需要的話，我們仍鼓勵你主動去尋求專業的協助和服務，這才是最為妥善的解決方法。**

心理靈活性與幸福

接納與承諾治療的心理健康指標乃心理靈活性，當中的六個向度正好符合幸福論的元素，例如 ACT 所重視的價值觀（values）的確立和以之為依歸的承諾行動（committed action），正好對應沙利文的幸福論中的「投入」和「意義」這兩個要素。價值就是你認為最重要的人生方向和目的，而承諾行動則是積極地投入你認為最有價值和意義的事情之中。至於沙利文的幸福論中的第一個元素：「愉悦」，ACT 的確沒有這樣注重，但假若你能擺脱心理枷鎖，活出意義和價值，那你自然會擁有內心的喜悦和滿足，這與沙利文所指的愉悦也十分接近，甚至可以更有深度和更為持久。

同樣地，接納與承諾治療也可對應芮芙的心理幸福感理論，特別是當中的「生活意義」、「自我接納」和「個人成長」，這裏就不詳述了。

總的來説，接納與承諾治療是一套處理心理問題和建立心理健康的良方，但在繼續深入介紹和探討 ACT 的六個向度之前，我們希望在下一章與你先討論一下人生困苦和心理障礙這兩個極為重要的課題。若我們對這方面缺乏正確認識，很難找到改變人生的鑰匙，請你耐心地先跟我們到人生苦難裏頭走一趟！

參考文獻

1. Diener, E.(1984). Subjective well-being. *Psychological Bulletin, 95* (3), 542-575.

2. Ryff, C. D., & Keyes, C. L. M.(1995). The structure of psychological well-being revisited. *Journal of Personality and Social Psychology, 69* (4), 719.

3. Seligman, M. E. P.(2004). *Authentic happiness: Using the new positive psychology to realize your potential for lasting fulfillment*. London: Simon & Schuster Ltd.

第三章 痛苦的根源

如果你受苦了，感謝生活，

那是它給你的一份感覺；

如果你受苦了，

感謝上帝，説明你還活着。

人們的災禍往往成為他們的學問。

伊索

人生的真實寫照

前兩章我們提到，快樂並非必然，但心理健康是有藍圖的。本章會進一步和你探討快樂的對立面——痛苦，這往往是心理困擾的核心所在。

人類生存的本能該是逃避痛苦的。假如發現有任何身體損傷，我們第一個反應便是止血、塗藥膏，或是看醫生，藉以消除痛苦。這種反應是本能的，不需經過任何思考。可惜的是，在實際情況中，痛苦有時並不會輕易消失。臨牀上見過不少病人受到身體上的創傷，經過治療之後，他們的痛楚並沒有消失，三個月、半年、一年，甚至數年後，他們仍然感到痛楚，不斷看醫生也找不出答案，我們稱之為長期痛楚(chronic pain)，現在並沒有根治的方法。對這些病人而言，這種長期痛楚有時比死更難接受。

身體的痛楚如是，心靈上的痛楚不也是一樣嗎？可能只會有過之而無不及。事實上，做人真不簡單，生老病死每一個階段都不容易。小時候，上學讀書，不斷在考試中尋找標準的答案，才能獲得高分，繼續升學；畢業後也不一定能夠謀得一官半職，還要經歷香港人常見的痛苦——買樓和供樓的痛苦！有調查發現，香港人平均要做 21 年樓奴，幾乎不吃不喝才能供滿自住的房屋。[(1)]

現代人有兩個字常掛在口邊——壓力，就如不停工作，不停供樓，加上要供養父母和子女，確是很多人的寫照。由此可見，痛苦除了生病或受傷，還在很多情況下出現，而且非常廣泛，涉及不同年齡層、不同經濟階級。無論什麼人，似乎都逃不了人生種種痛苦的經歷。

同時，我們也發現一個現象，就是假如人不斷經歷痛苦，有了多重的痛苦經驗以後，便可能會有一種感覺或錯覺：自己跟痛苦是離不開的。臨牀上，見到不少病人因為經歷種種的痛苦，以致產生焦慮和抑鬱，甚至絕望的想法，這種錯覺只會進一步加深他們的痛苦。

人類減痛的方法

人生既然往往是痛多於樂，那我們可以怎樣面對和減輕痛苦呢？對很多人來說，最常用於應對痛苦的方法便是吃藥，包括止痛藥、安眠藥、鎮定劑、抗抑鬱藥等等。這些藥物對減輕痛苦或減少精神壓力，都有一定的效用，但亦有不少的副作用，甚至有機會造成上癮。最重要的是，它們都不能改變痛苦的根源——真實人生無可避免的困苦。藥物的效力過了以後，痛苦的感覺仍會繼續存在，並沒有完全消失。

然而，在人類的經驗中，也有不少人能透過不同的方法成功地化解痛苦，例如宗教信仰。我們見過一些信仰基督的人士，在經歷痛苦時，透過祈禱和閱讀經文，尋求苦痛的意義。另外，不少佛教徒在修煉的過程中，學會放下對痛苦的執著，甚至發起慈心，幫助他人減少痛苦。而沒有宗教信仰的人士，也可透過各種人生的智慧來應對或化解苦痛，歷代中西哲學的思想都是珍貴的寶庫，對人生苦痛這個課題提出過許多真知灼見。由此可見，人在面對痛苦時並非必然是束手無策的。那麼，近代心理學在這課題上又有什麼見解，可以給我們一些什麼的啟迪呢？

抗拒痛苦並不可行

主流的心理治療，例如認知行為治療，傾向將痛苦和焦慮、抑鬱等經驗視為一種徵狀，用意是透過調整思想及行為的模式，減少這些徵狀。研究發現，認知行為治療對醫治長期痛症、焦慮症及抑鬱病等，都有顯著的效果。然而，在前兩章介紹的接納與承諾療法對痛苦的看法，有別於一般的治療，指出痛苦經驗根本是人生無可避免的一部分，因此接納往往比抗拒或逃避痛苦來得更為合適，對心理健康更為有用。為何如此？讓我們先以一個簡單的練習為引子。

筆記板練習

試想像你面前放了一塊筆記板，代表人生的各樣苦楚，包括疾病、壓力、工作、人際關係等等的困難。面對這些苦楚，你很想把它推開，推得愈遠愈好。於是你嘗試盡力推開，但問題是，當你愈用力去推開，它的反作用力也愈大，就如我們用盡各種方法想去消除痛苦，它仍是揮之不去。忽然，有人告訴你，可以用另一個方法去對待這塊板，不須這麼用力地推，只須輕輕拿起這塊板，把它放在你的膝上。雖然你仍然感受到你的壓力、家庭問題或財政困難等等，但你再沒有抗拒的心，沒再想推開它們，它們帶給你的困擾也會相對減少。這就是接納與承諾療法提供的方法，關鍵在乎改變我們與痛苦的關係，接受它的存在，不再全力去掙扎或逃避。

與內心的怪獸扯大纜

從以上筆記板的比喻可以看到，人在逃避痛苦的掙扎當中，往往愈掙扎愈痛苦，唯有放下掙扎才可以脫困。這其實是一個顯而易見的道理，就如你與自己內心的怪獸扯大纜，是不可能勝出的，因這內心的怪獸，如憤怒、恐懼、抑鬱、內疚等等，愈被排擠就只會變得愈強大。如果你曾在痛苦中掙扎，就知道結果通常都是徒然的，唯一合理的選擇就是放開拉扯中的大纜，不再與內心的怪獸鬥力，這才可得到真正的解脫。

不斷控制痛苦也是枉然

在與痛苦掙扎的過程中，許多人都採用不同的方法，不斷去尋求控制自己因痛苦而產生的各種情緒，例如憤怒、焦慮、情緒低落等等。最常見的方法便是利用不同的活動去令自己分心，例如上網、吃東西、聽音樂，甚至沉溺於工作或者運動，讓自己不必面對痛苦的心情。

通常我們的經驗都是這樣的：以上的方法總會有一段時間奏效。換句話説，透過以上的活動，你可以暫時忘記痛苦的經驗或感受；但當壞情況再次發生，無論身體的痛楚、環境的變化，或是人際關係的挫折，總會令我們再次陷入痛苦之中。結果是，我們要再次運用以上的分心方法，甚至加大力度，花更多時間上網，不停做運動，或將自己變成工作狂，才能控制這些痛苦。筆者（黃氏）有一個個案，他透過每星期幾次的健身減輕工作壓力帶來的痛苦，但是隨着工作壓力不斷增加，他健身的程度和頻率也不斷增加，甚至每天都要去健身減壓。最終這種僵化的控制模式不但沒有令痛苦消失，反倒令自己不停地花費大量金錢去做健身，造成財政壓力。

對於這種情況，有一個貼切的比喻是這樣的：假若你不幸掉進浮沙裏，怎樣才有機會脱險呢？用盡氣力掙扎有用嗎？還是只會弄巧反拙呢？專家指出最有機會脱險的方法是將身體平躺在浮沙上，不要掙扎，等待救援，才為上策。對待內心的掙扎也應如此，放開自己，願意迎向和接納各種經驗，不論多痛苦都如是，總會比對抗內心痛苦更為有效。

當各式各樣的痛苦來臨時，你通常採取什麼方法去處理呢？如你發現自己常用抗拒或控制痛苦的方法，它們的效用通常能維持多久呢？其實你有否找到一個長期有效的方案去控制痛楚呢？

逃避痛苦是生存本能

除了僵化的控制，接納與承諾療法也提出另一個令人深陷痛苦之中的原因，就是不斷逃避所發生的事情及內心的經驗，特別是一些經常會出現的不愉快情緒，這叫作經驗逃避（experiential avoidance），是造成情緒困擾的原因之一。人生下來就有逃避痛苦的傾向，研究發現，嬰幼兒探索周圍時若無意中觸碰到一些很熾熱的東西，會本能地退後避開，之後便學會遠遠地避開它們，這就是我們的生存本能。我們一貫的經驗似乎也告訴我們，要遠離那些令我們痛苦的東西，例如前面提到的長期痛症病人，很容易便會陷入不斷尋求止痛藥或減痛方法的循環之中，縱使那些方法或能短暫奏效，可是卻造成上癮，這可說是逃避痛苦的惡果。

另外，我們也遇過一些陷於情緒困擾或遭遇極大壓力的受助者，出現一些逃避的傾向，例如透過濫用藥物、酒精，大量購物或賭錢等方法來麻醉自己，避開困苦。我們也發現許多人時刻都機不離手，甚至走路的時候眼睛仍望着手機，這也可能是一種經驗逃避。當人投入虛擬世界時，便可暫時減少面對現實中負面的事情或感覺。

慣性逃避的魔咒

誠然，逃避眼前的困難，可暫時令我們感覺舒服，減少痛苦，確有一定的作用。然而，心理學的研究發現，長期慣性的逃避很可能會變成我們的一大包袱，甚至增加我們的痛苦。何解？我們不妨先看看一些生物研究的發現:如果實驗中的老鼠發現按某個桿子可以逃避電擊的痛楚，便會重複地去按那個桿子，直至筋疲力盡也不停手，即使之後按那個桿子已再不能減輕電擊或痛苦，仍會繼續按下去。另一些實驗也發現，相比一些從未學會按桿子來避免電擊的老鼠，這些老鼠久而久之會減少探索周邊的環境，對周邊的環境漸漸漠不關心，也不會去探索食物或其他好玩的東西，這似乎就是牠們學會長期逃避電擊和痛苦的代價。[2]

試想想，若果我們習慣經常逃避痛苦，會不會有可能像上文提到實驗中的老鼠一樣，學會重複逃避一些不愉快的個人經驗，反而陷入長期的痛苦之中呢？我們之前提過一些人士，為了逃避痛苦，不斷服用藥物或酒精，結果付出沉重的代價。他們的日常生活也會大受影響，就好像實驗的老鼠一樣，對身邊環境的興趣和動機減少，甚至生活已變得毫無意義可言。

長痛不如短痛

中國人有句俗語：長痛不如短痛，似乎很適合形容上述這些人。我們也留意到臨牀上不少陷於抑鬱或焦慮問題的受助者，不少也有逃避痛苦經驗的傾向，並對困苦的感覺或想法變得非常敏感，常常只想逃避或不去接觸問題，漸漸逃避的手段變成了習慣。雖然他們盡力壓抑自己抑鬱或焦慮的情緒，但這些感覺不會離他們而去，反而會令他們的大腦神經系統變得對負面情緒更為敏感，結果他們需要不斷逃避這些感覺，才可換取短暫的放鬆。

有一份研究發現[3]，有逃避經驗傾向的人士，較大機會產生以下幾種的心理健康問題：(1) 較容易濫用藥物或濫藥復發；(2) 遇到一些創傷事件後，心理困擾會較大；(3) 出現廣泛焦慮症或拔毛症等焦慮問題的機會較大；(4) 容易出現不良的應付問題或情緒調適的方法，進而增加心理困擾。另一份研究亦發現[4]，長期逃避經驗會令人減少正面的情緒，對生活比較不滿意，覺得日常較少愉快的事情發生，人生缺乏意義，可見逃避經驗甚至比壓抑情緒的傷害更大。

總的來説，為了減少痛苦，許多人學會慣性地逃避經驗，卻付出更大的代價，就是他們的快樂程度減少、人生意義及價值都會變得模糊，只會變得愈來愈不快樂。

還記得前文提到的那些長期痛症的病人嗎？接納與承諾療法指出，雖然逃避經驗和痛苦的病人復原機會較低，但治療過程可以幫助他們接受及面對長期痛症，學習與長期的痛楚共存，並繼續有意義和目標地生活下去，這樣才可取得較佳的治療成效。**這樣看來，長期逃避痛苦並不能解決問題，反而學習不再逃避，願意接受和面對痛苦，是較為理想的應對方法。**

你發現自己有逃避痛苦的傾向嗎？有沒有試過用藥物、酒精或其他不斷重複的方法去逃避痛苦？現在想一想你因為逃避痛苦而付出了多大的代價呢？如果你選擇去接受和面對痛苦的話，長遠來說，對你的人生會否更有幫助呢？

結語

人類自出生到死亡都不斷面對痛苦的經驗，而人愈長大似乎也愈多痛苦，於是不斷尋求去除痛苦的方法。從心理治療的角度來看，抗拒或逃避痛苦都不是最可取的辦法，往往只會帶來更多的困擾和問題。長遠來說，我們需要學習接受自己的經驗，並在內心創造更廣闊的空間，與痛苦共存，這才有望轉化痛苦成為有助成長的經驗。

參考文獻

1. 王潔恩（2018 年 11 月 4 日）。〈【樓奴】港人平均月儲 1.3 萬元做首期 儲 11 年先夠 青年：已放棄〉。《香港 01》。取自 https://houseslave.hk01.com/article/254090/%E6%A8%93%E5%A5%B4-%E6%B8%AF%E4%BA%BA%E5%B9%B3%E5%9D%87%E6%9C%88%E5%84%B21-3%E8%90%AC%E5%85%83%E5%81%9A%E9%A6%96%E6%9C%9F-%E5%84%B-211%E5%B9%B4%E5%85%88%E5%A4%A0-%E9%9D%92%E5%B9%B4-%E5%B7%B2%E6%94%BE%E6%A3%84

2. Seligman, M. E. P., & Beagley, G.(1975). Learned helplessness in the rat. *Journal of Comparative and Physiological Psychology, 88* (2), 534-541.

3. Chawla, N., & Ostafin, B.(2007). Experiential avoidance as a functional dimensional approach to psychopathology: An empirical review. *Journal of Clinical Psychology, 63* (9), 871-890.

4. Machell, K. A., Goodman, F. R., & Kashdan, T. B.(2015). Experiential avoidance and well-being: A daily diary analysis. *Cognition and Emotion, 29* (2), 351-359.

接納經驗 承諾前行

第四章 開放自己，接納經驗

經驗猶如一盞明燈的光芒，

它使早已存在於頭腦中朦朧的東西豁然開朗。

德拉梅爾

經驗是一所好學校，可是它的學生卻經常曠課。

歐文 · 華萊士

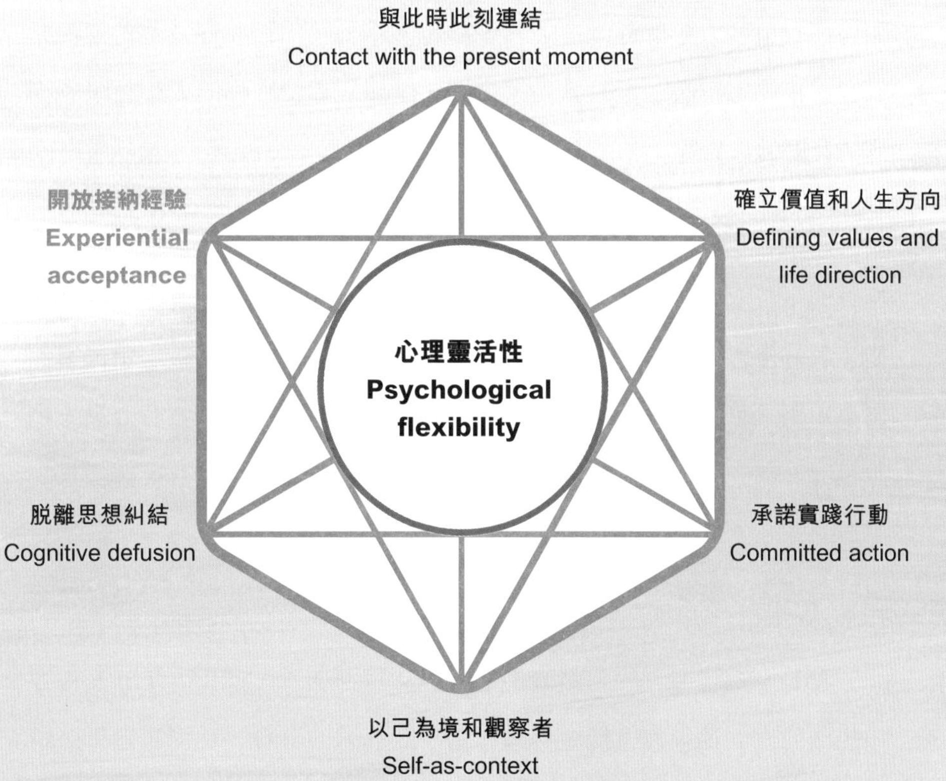

與此時此刻連結
Contact with the present moment

開放接納經驗
Experiential acceptance

確立價值和人生方向
Defining values and life direction

心理靈活性
Psychological flexibility

脫離思想糾結
Cognitive defusion

承諾實踐行動
Committed action

以己為境和觀察者
Self-as-context

在頭三章我們探討了快樂、幸福和痛苦並它們之間的關係。由這章開始，我們會和你探討接納與承諾療法的六個向度，是心理靈活性和心理健康最重要的特質，也是改善心理問題的關鍵所在。首先登場的是對經驗接納和開放這個向度。常言道，人生如戲，當中的情節有喜有悲，有時驚濤駭浪，有時平淡如水，有時感人肺腑，有時則驚心動魄。你會如何面對這些人生的起跌，並當中變化多端的情緒經驗呢？你的態度是歡迎，接受，容讓？還是抗拒，逃避，厭惡？心情在你的人生故事中到底佔什麼的位置呢？

很多年前曾經看過一個電視節目，節目的主題已經忘了，卻記得節目的主持人訪問了一位白領青年。他希望在辦公室內可以完全沒有情緒，最好像機械人一般，這樣做起事來就最有效率，不會被心情影響，也不用因人事的問題而煩惱。筆者（湯氏）還很清楚記得當時心裏不期然打個冷顫，很難相信有人會有如此想法。然而，隨着臨牀經驗增加，明白到很多人可能都抱有同樣的態度，視情緒為負累多於資產，對它採取抗拒負面的態度，自然談不上歡迎和接納。

可是，近代心理學對情緒的理論和研究都顯示，這位青年和其他類似想法的人，都很大可能會錯失善用自己經驗的機會，反而製造更多情緒問題。要明白這點，我們就先要了解情緒到底是什麼。

情緒這傢伙

開心是一種感覺，不開心也是一種感覺，無論你喜歡與否，似乎都無法擺脱情緒這個傢伙，就像皮膚一樣，緊貼着我們。試回想一下，由早上睡醒到現在，你經歷過多少情緒變化？可能由睜開眼睛開始，你就已經感受到某種心情，腦袋已經自然浮現出某些想法，牽動着自己的情緒（例如：「今天是星期一，又要面對一週的工作了，唉！」）。隨着所發生和遭遇的各種事情，你的心情和情緒也會隨之改變，對嗎？

如果數算一下整天的心情，是正面愉快的較多，還是負面不愉快的較多？俗語有云：「人生不如意事十常八九」，如果是真的話，那不開心的心情應該較為常有。如果你的個性是多愁善感，即使際遇不是特別差勁，內心也可能充滿負面情緒，若你有憂鬱的傾向，就更是如此。

這樣看來，經驗到不愉快負面情緒似乎是人之常情，那我們要如何應對呢？

首先，我們需要了解情緒到底是怎麼的一回事，很多人以為情緒（emotion）等同我們的感受（feeling），其實並非如此。情緒的英文 emotion 源自拉丁文的 Emovere，其中 E 帶有「出去」的意思，而 movere 則有「激動」、「移動」或「刺激」的意思。情緒是因刺激而產生的身心反應，而情緒的內涵包括至少與情緒相關的生理反應、主觀感受、認知評估和行為傾向這四方面。著名心理學教授李察．扎勒斯

（Richard Lazarus）將情緒定義為「**我們因外在或內在環境轉變而產生的生理、主觀意識和行動傾向上的整體反應。**」。[1] 情緒是我們因受到某些刺激而產生的身心反應，而這些變化與大腦和中樞神經系統有密切的關係，並會驅使我們去採取一些相應的行動。再者，情緒反應通常都與我們對事情的認知有關，不同的認知所賦予的意義會帶來不同的情緒反應。

生理上，當我們感應到外界刺激時，中腦的杏仁核、下視丘（Hypothalamus）和交感神經系統會發生變化，身體會有心跳加速、呼吸急促、血壓上升、流汗等生理反應。假若大腦中負責認知的額葉部分，把外來刺激理解為威脅或危險，我們便會視生理的反應為恐懼情緒，從而產生相關的主觀感受和想法（thoughts）；要是將刺激理解為正面有利於己的，我們便可能將生理反應視為興奮情緒，從而產生相關的主觀感受和想法。[2]

情緒是友非敵

可能對大多數人來說，壞心情或負面情緒都是不受歡迎的，但它們並非我們的敵人，不應被拒諸門外，否則只會造成內在矛盾，對自己毫無益處。曾經看過一個很有意思的動畫故事[3]，講述一隻怪獸竟然膽敢走進皇宮，卻被當值的守衛攔住，但奇怪的是，當怪獸愈受到士兵的惡意對待，竟變得愈強大和凶惡。結果，士兵也攔牠不住，甚至任牠坐上皇帝的龍椅上。在皇宮外的皇帝知道這個消息後，立即趕回宮中，拿出最大的誠意和善意來對待這不速之客，表示歡迎和接納，以禮相待，甚至待牠如上賓。結果，這怪獸漸漸地軟化下來，最後竟然消失。

你知道這個故事的寓意嗎？若我們對抗內心的負面情緒，不論是焦慮、恐懼、憤怒、內疚或抑鬱，這些情緒並不會自動消失，反而會變得更強大、更惱人，就像那隻怪獸一樣。如果我們願意善待這些情緒，像故事中的皇帝善待那不速之客，負面情緒就不會在內心糾結，繼續困擾我們，而漸漸地會被轉化，甚至可能消失。

你對你的情緒了解有多少？你如何對待自己的情緒？你視情緒為「麻煩友」，還是你的「好朋友」呢？

扯大纜的比喻

第三章提及一個與內心怪獸扯大纜的比喻，很能說明我們看待情緒的正確態度，了解與內在情緒經驗對抗和角力的後果。試想像，如果你很想消除內心的負面情緒，不論是恐懼、焦慮、抑鬱、憤怒、內疚或是羞愧，情況就如你和內心的怪獸扯大纜一樣。你用盡全身的氣力想鬥贏這個對手，但是對手非常的難纏，而你和牠中間有一個深淵，扯輸的話可能會掉進深淵。可是，不論你用多大的氣力，牠總會用更大的氣力來對付你，所以你沒有任何取勝的機會。處於這樣的險境之中，你可以如何脫身呢？繼續對抗和角力只會徒然，甚至可能會掉進深淵之中。你唯一可以脫身的方法是……對了，就是放下這條大纜，不再與這內心怪獸作戰，但這並非投降，而是看穿了這是沒有必要，也是贏不了的對決。奇怪的是，一旦你願意接受放下，從那一刻開始，這內心的怪獸漸漸變得不那麼可怕，對你的傷害也會大大減少，你甚至可以學懂如何與之共存，然後繼續專注於你想要完成的事情上。

你從這個比喻中領悟到什麼？你情願選擇繼續抗拒還是接納自己的情緒經驗呢？哪一樣做法更為可取？後果有何不同？

情緒的功用

現代心理學普遍認為，情緒是與生俱來，具有正面作用和目的，並非無中生有。[4] 情緒的出現是因應外在或內在環境的轉變，叫我們知道需要關注些什麼和作出怎樣的回應。總的來說，情緒可以從以下三方面幫助我們：

1 **留意四周環境，警覺有否存在威脅或危險，以致能迅速作出回應，確保安全。**例如，我們遠古的祖先在原始森林生活，周圍隨時會有猛獸或敵人出沒，他們必須懂得懼怕危險才能存活下來，所以恐懼和憂慮是為了保護我們，具正面的作用。

2 **推動我們向前，追求美好的生活，渴望獲得成功和滿足。**例如，當我們的需要得到滿足時，自然會經驗到愉快的情緒，而這種心情會成為我們努力去尋求更多滿足的動力。若果沒有這些正面情緒，我們對生活的積極性和活力也會大大減少。

3 **成為與別人溝通的重要橋樑。**情緒或情感的表達可以讓別人了解我們對事物的喜惡，藉此促進互相信任和溝通，對關係的建立非常重要。例如，當別人做了一些令你不高興的事情時，若你收藏了自己真實的感受，對方就可能不知道原來你不喜歡他這樣做，彼此缺乏了解，便可能會造成誤會或隔膜。

情緒是一個信差

這樣看來，**情緒就像信差一般，負責將重要的信息傳遞給我們，讓我們可以作出合宜的回應**，可以是自我保護，改變環境、處理問題還是追求滿足。若果我們因不喜歡信差派給我們的信息而將之忽略，甚至撇棄，可能會造成嚴重的後果。例如，你在與人的交往中出現不愉快的情緒，但不願意面對或探究，只想逃避，裝作若無其事，漸漸地就可能與那人產生齟齬。又或者你對喜歡的事情原本充滿熱情，然而因現實的限制，不敢冒險追求自己的夢想，結果選擇了安穩但平淡的生活，放棄回應內心的呼喚，白白錯過過一個精彩人生的機會，這都可能是忽略或拒絕回應情緒信息的後果。

若想正面接收情緒的信息，先要採取開放和接納的態度，迎向所有真實的感覺或情緒經驗，但這對很多人來說絕不容易。由於受先天和後天的因素影響，我們往往對不愉快的情緒經驗抱一種抗拒的態度，不喜歡接觸和了解，只想儘快逃離或消滅這些情緒或感覺。但是，這樣做只會令內心變得更為困擾，例如你因一些事對某人感到憤怒，但自幼的家庭教育是不容許存有憤怒，更不用說將它表達出來。因此，你對自己的憤怒感覺（初始情緒）感到不安、內疚、自責（衍生情緒），甚至演變成沮喪的心情（衍生情緒）。這樣，你經歷的就不只是憤怒這單一的情緒，而是多種複雜的情緒感覺，而且全部都是負面的。結果，你的內心只會變得更為糾結，這就是不願意正面接納和迎向自己的情緒經驗的可能結果。

你覺得情緒是一個信差這種說法有意思嗎？你可有經驗過情緒給你一些有用的信息呢？

迎向困苦情緒

心理學家米高．托希格（Michael Twohig）和他的兩位同僚，曾提出一套迎向困苦情緒的方法，非常奏效，很值得我們學習。[5] 這方法可分為以下六個步驟，如果你想有聲音伴讀，可以掃描以下的二維碼：

1 **承認**：無論你現在經驗到什麼情緒，都嘗試承認它的存在，並用語言來描述它，例如我現在感到非常焦慮；

2 **觀察**：留心情緒在你身體哪個部位呈現出來，用一些時間覺察身體此刻的感覺如何；

3 **呼吸**：將呼吸帶入自己的情緒和身體的感覺之中，隨着每一下呼吸，打開自己和為自己的感覺創造空間；

4 **演變**：繼續觀察自己情緒的經驗，隨着時間的過去，看看它會變得更強烈，還是減弱，或在你身體內可有任何的流動；

5 **比喻**：運用不同的比喻去增加情緒接納，例如你可能視自己的情緒如一位老朋友，或欣賞它如黃昏的日落，或握着它如輕輕地握着一朵花兒一般；

6 聆聽：你的情緒正在告訴你一些信息，可能對你是很重要的，提示你需要改變的地方，或你與現實的關係，請細心聆聽。

覺察和接納內在經驗

其實，心理靈活性的第一個向度——開放和接納經驗，當中所提及的經驗，並非單指情緒，還包括想法、渴求、衝動、感官和身體感覺等，只是情緒往往是最容易吸引我們注意的內在經驗而已。對自己的內在經驗敏銳，的而且確是對心理健康非常重要。若是情緒文盲(Emotionally illiterate)，對自己的情感和情緒毫無了解，很容易會做出損害個人心理健康的行為，例如只懂壓抑情緒而不會表達，甚至會損害身體健康。

如何能夠覺察內在經驗呢？我們的肉眼是向外望，不能向內看的，那我們是否需要具備心靈的眼睛呢？近來流行的靜觀學說和修練正是訓練我們心靈眼睛的良方，**因為靜觀就是自覺地專注於此時此刻所有的經驗，而且抱有開放、接納、不批判、感興趣和慈悲的態度，與我們平常「自動導航」的心智模式非常不同。**[6] 我們的腦袋無時無刻都是非常活躍的，有專家估計，一個人平均每日約有五萬多個思想或念頭在腦海中出現，這確是非常驚人的數字，可見我們的腦袋是很難停下來的。[7] 不單如此，這些思想大多是在不自覺的情況下出現，所以被稱為自動導航模式。當遇到壓力或困難時，我們很易會陷入自己的思緒之中，形成糾結。

除了思想之外，我們也很易陷入自己的情緒之中，特別是當刺激到我們較脆弱的地方時，英文有所謂 push your buttons（意譯：被惹怒了），就是這個意思。當事情或情境挑起我們過去痛苦的經驗，就很可能產生強烈的情緒反應，如恐懼、憤怒、內疚、悲傷等等。我們若不能好好了解和接納這些情緒經驗，便很易陷入下沉的漩渦，被情緒的巨浪捲走。若我們不懂得與這些強烈的情緒共存，只想抗拒或逃避，那就像前面提到那闖進皇宮裏的怪獸一樣，當守衛想驅趕牠時，只會令牠變得更強大和難於駕馭。

接納經驗四步曲

如何能夠開放而不批判地靜觀覺察自己的內在經驗呢？接納與承諾療法為我們提供以下的四個步驟，都是非常實際和有效的：[8]

1 **觀察和命名：**請用安靜而仁慈的心去看待所有湧現於內心的感受、想法、感官經驗和衝動。你可以試從一個充滿好奇的科學家的角度出發，細心觀察內心世界正在發生的事情，而且將你的經驗用語言描述出來，例如：「我正覺察到焦慮的感覺」、「這是悲傷的感覺」、「我的心正在擔憂」，或「我現在有點覺得自己很失敗」。不要批判自己的任何經驗，因它們只是我們對現實的反應，只須自然平靜地接待它們，像接待客人一般。

2 **回到身體的感覺：**想更了解你的情緒感受，就要多敏感自己身體的反應，因情緒最直接的呈現往往是在身體裏。情緒的生理結構涉及大腦和中樞神經系統，也可以影響全身，例如緊張時大腦會釋放壓力荷爾蒙，腎上腺素上升、血壓上升、心跳加速、體溫升高、肌肉收緊等等，這些都是緊張和焦慮的生理反應。因此，若能多留意情緒如何影響身體的狀況和反應，就可以更清晰準確地辨別內在情緒及其變化。

現在請用一些時間安靜下來，留心自己身體此刻的狀況，看看有什麼的感覺，會否感到不舒服或令你困擾的地方，可能是腸胃、胸口或頸肩的位置，好奇的探索一下這些感覺，看看它是在身體的表層，還是內裏？範圍有多大？是輕的還是重的感覺？與自己此刻的情緒有關嗎？

3 **專注呼吸：**輕輕地將注意力帶到自己的呼吸上面。呼吸是我們每時每刻身體自然的動作，不假思索的，但也是最易被忽略的。其實，呼吸非常重要，不單是生存所必需，更可調節情緒和改變交感神經系統的運作。首先，可以慢慢地作幾下深呼吸，減少身體綳緊的感覺，讓內心平靜下來。若感到情緒在身體某個部位最為明顯，可在吸氣時將那口氣送到感到困擾或不舒服的身體位置，讓那個身體部位周圍變得更廣闊，創造出更多的心靈空間給自己。

4 **容讓共存：**最後，請容讓內在所有的經驗存在，即使是那些你不喜歡或令你不舒服的經驗。嘗試完全的接納，順其自然，不要想去改變或控制這些感覺。你只須承認困難的情緒或衝動存在，不用對抗，容讓它們與你和平共存便可。漸漸地，你可以擁有更大的能耐去承載這些感覺，而這些感覺並不能夠傷害你。

如果你想從以上的練習中得益，最好每天用至少十分鐘，找一個安靜的環境，例如在你的房間內，獨自完成這個練習。起初你可能會不太習慣，覺得有些困難，容易分心；但只要你堅持去做，漸漸地就會能夠更為專注，而且對自己的內在經驗更為敏感和了解，也更能友善和開放地看待這些經驗。

你覺得對內在經驗開放和接納容易嗎？怎樣可以容讓這些經驗存在而不企圖驅趕它？如何可以擴闊自己的心靈空間和承載能力呢？

學習放開痛苦情緒

當你受到情緒困擾時，很多時不但不會放開負面的情緒，反而會緊緊地捉緊它們，糾纏其中。然而，承認痛苦的情緒才是放開的關鍵，當我們接受自己正在受苦時，便較易面對而非對抗情緒。你亦可能發現，本來視之為怪物的負面情緒，其實只是一頭不難馴服的小野獸。你可嘗試按照以下的步驟來放開負面情緒：(9)

1 試想像痛苦的情緒就像一波波海浪漫過你的身體，但不至將你打翻。不要試圖推開情緒，這樣只會使它變得更強大，並增加自己的痛苦。不要拒絕它，不要批判它，情緒沒有好與壞之分，只純粹存在。這世上沒有壞的情緒，只有情緒。憤怒、恐懼、悲傷都是痛苦的情緒，但它們不是壞的。每個人都會經歷它們，而它們和愉悅的情緒同等真確。同時，不要抓住自己的情緒不放，不要反復思量當中的體驗，這只會增強和放大它，就讓它自然地存在——這樣反而會減少痛苦。

2 認定你不等於你的情緒。你的情緒是你的一部分，但不是你的全部。你不僅僅是你的情緒。

3 你不一定要對情緒採取行動。經歷情緒不是意味你必須做些什麼，你可能只需要與情緒共處，行動往往只會增強和持續它。

4 練習去愛自己的情緒。這可能很難明白，為什麼我們要愛痛苦的情緒？我們可以學會愛自己的情緒，就像我們學會愛（接受）自己的其他方面，或無法改變的經歷，就如我們的年齡、身高、雀斑，擾人清夢的鳥鳴、天氣、腳的大小、過敏等等。

接納關鍵在乎願意

可能你仍然覺得，要接納而非抗拒或逃避痛苦和負面情緒真的很難。很多人在困苦之中都會發出這樣的呼叫：「我真的受不住了！」「我不能夠再忍受！」「我想我快要瘋了！」當然，他們的感受都很真實，實在值得同情。然而，我們不妨嘗試轉念，用另外一個視角去理解這種處境：當我們面對困苦時，問題不是我們是否可以（capable），還是不可以（not capable）忍受得住，**而是我們願意（willing）還是不願意（unwilling）去接受或忍受這種困苦經驗。願意是一種心態，一種選擇，是自願而非被迫的。**當然，在痛苦的情況下要說願意殊不容易，但仍是有可能的。

如何可以增加在困苦中仍然願意接納內在經驗的可能呢？**第一個關鍵的態度如何對待內心真實的感受，明白這些感受或經驗的出現，都有其原因和需要，值得我們去尊重和理解。**只要我們用開放好奇的心去探索這些經驗，相信漸漸地自能發現其背後的含義和價值。

第二，緊記接納和逃避內在經驗的分別和所帶來的後果，明白願意接納和面對才是較佳的應對方法。逃避可能為你帶來短暫的舒緩，但長遠而言只會製造更多的苦惱。

第三，關乎我們對人生痛苦的基本看法。正如第三章所言，人生有喜有悲，有苦有樂，你不可能只有快樂幸福的一面。既然如此，我們就必須勇敢地承認痛苦的存在，因這是人生最真實的寫照。這樣的態度可以幫助你提升迎向困苦經驗的意願。

第四，是對自己慈悲（self-compassion），就是運用慈悲憐憫的心腸去看待受苦的自己，願意用溫柔憐愛的態度與受苦的自己同行，做自己最好的知己，不斷的支持和鼓勵，不離不棄。有了這種對己慈悲的態度，我們就可以增加承受困苦的能耐（有關對待自己慈悲的方法可參考本書第十一章）。

最後一個關鍵態度是嘗試從痛苦中得益。世間很多苦痛都不是我們所能控制的，但我們可以選擇從這些經驗中學習成長，磨練品格，如堅毅、忍耐、智慧、仁慈等，以致最終能從當中獲得益處。若你能夠持守這種態度，自然可以更願意與苦痛共存。

有一點必須澄清的，就是願意面對和經歷困苦經驗，絕不表示我們要喜歡這些經驗。痛苦仍是痛苦，我們並非要主動尋求它，但當痛苦找上門時，我們知道最好的態度仍是面對和接受。然而，話說回來，若果我們有解決方法，可以改變現實，消除痛苦的源頭，當然應該主動去做，絕對不用忍受不必要的痛苦。

結語

接納與承諾療法鼓勵我們以開放的態度迎向自己所有內在經驗，包括情緒、思想、渴求、需要和衝動等等，接納不批判，並懷着好奇、感興趣的心去探索。這樣，我們才能更了解自己，聆聽內心的聲音，擴展空間和引導內心作出最好的選擇和決定。反之，逃避和抗拒內在經驗往往只會造成糾結和衝動，帶來更多的煩惱和苦果，絕非明智之舉。

個案分享

「我一向是個很情緒化的傢伙，很小的事情也會觸動到我，很多時會產生負面情緒，如害怕、恐懼、焦慮、不安、憤怒、苦惱、內疚等等。我很討厭這些情緒，因它們令我很辛苦，內心很糾結，也令我不能集中精神做事。我以往都選擇逃避和壓抑這些感受，儘量不去碰它，但其實不是非常成功的。自己的情緒真的不是這樣容易被控制，有時甚至愈壓抑愈糾結，無法避開或忘記。自從學習了 ACT 的開放自己、迎向內在經驗之後，我感到自己沒有這樣害怕負面情緒，也更願意接納所有的經驗。即使有些經驗真的很困難，我嘗試打開自己，迎向它們，學習與這些經驗共存。奇怪的是，當我願意這樣做的時候，這些經驗不再如以往般叫我痛苦難受。我好像擁有更大的能量去容忍這些困苦，也許這就是接納的妙處吧！」

參考文獻

1. Lazarus, R. S.(2000). Cognitive-motivational-relational theory of emotion. In Y. L. Hanin(Ed.), *Emotions in sport*. Illinois: Human Kinetics. 39-63.

2. LeDoux, J.(1998). *The emotional brain: The mysterious underpinnings of emotional life*. New York: Simon and Schuster.

3. 基礎忠恕大光寺（2017 年 6 月 10 日）。〈負面情緒 OUT！這個寓言故事告訴你如何處理內心的怪獸〉。取自 https://www.youtube.com/watch?v=1IXb9W2jWnE

4. Goleman, D.(1996). *Emotional intelligence: Why it can matter more than IQ*. London: Bloomsbury Publishing PLC.

5. Twohig, M. P., Levin, M. E., & Ong, C. W.(2020). *ACT in steps: A transdiagnostic manual for learning acceptance and commitment therapy*. New York: Oxford University Press Inc.

6. Bishop, S. R., Lau, M., Shapiro, S., Carlson, L., Anderson, N. D., Carmody, J., ... & Devins, G.(2004). Mindfulness: A proposed operational definition. *Clinical Psychology: Science and Practice, 11* (3), 230.

7. Killingsworth, M. A., & Gilbert, D. T.(2010). A wandering mind is an unhappy mind. *Science, 330*, 932.

8-9. Harris, R.(2019). *ACT made simple: An easy-to-read primer on acceptance and commitment therapy* (2nd ed.). Oakland: New Harbinger Publications.

第五章 思想抽離，脫離糾結

心智喜歡講故事；

事實上，它永遠不會停止。

一整天，每一天，

它都會告訴你關於你的生活應該做什麼，

別人對你的看法，

未來會發生什麼，

過去出了什麼問題等等。

這就像一台永不停止廣播的收音機。

羅斯 · 哈里斯

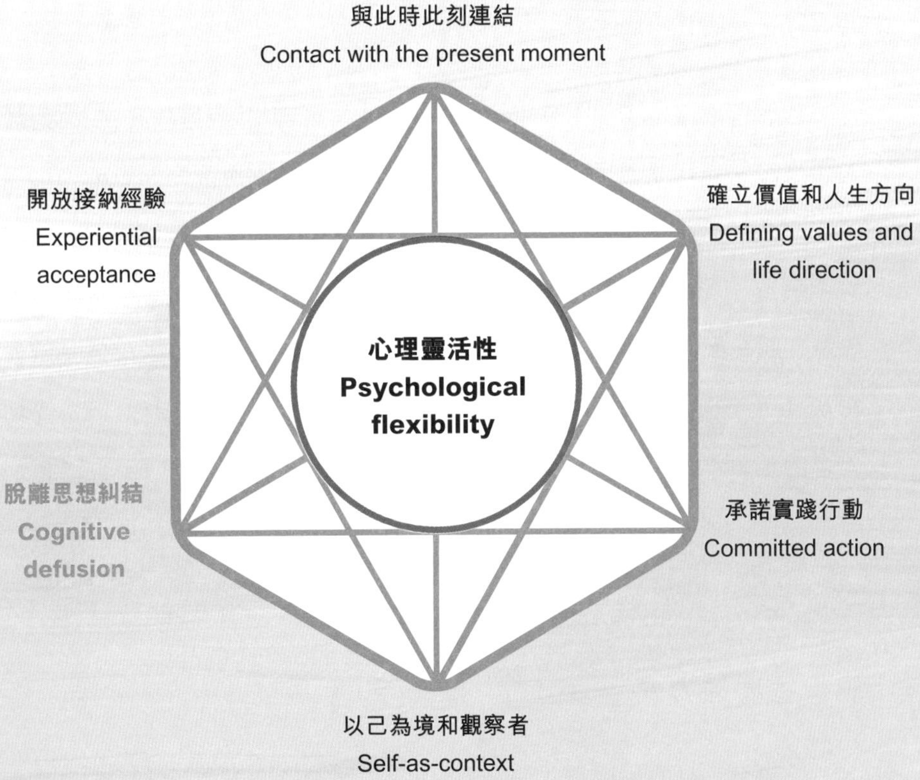

與此時此刻連結
Contact with the present moment

開放接納經驗
Experiential
acceptance

確立價值和人生方向
Defining values and
life direction

心理靈活性
Psychological
flexibility

脫離思想糾結
Cognitive
defusion

承諾實踐行動
Committed action

以己為境和觀察者
Self-as-context

在上一章，我們介紹了心理靈活性的第一個向度——開放自己，接納經驗，闡明情緒對我們的重要性。我們需要學習開放及接納自己的情緒，並接收它的信息。來到本章，我們會介紹心理靈活性的第二個向度——思想抽離，脫離糾結。同樣地，我們要好好看待自己的思想，學習接收其信息，卻不要被它所控制。要做到這點，先要深入地了解思想的本質，並與其相處之道。

著名哲學家笛卡兒（Descartes）有一句名言：「我思故我在」。對於人類來說，思想是具獨特意義的標誌。相對於其他動物，人類可以透過語言去表達和記錄自己的思想，是生存重要的工具，對推動人類文明的發展起了極大的作用。了解這點，我們便不難理解，為何我們的思想——就是我們的心智活動，常常在我們的生活中扮演重要角色。例如在新冠病毒的疫情之下，為了保障自身安全，心智便會告訴你：「不要到人多的地方」、「不要隨意除下口罩」、「不要用手揉口和鼻」。心智頻繁的指引我們，提醒我們，儼然成為了我們生活中的「內在顧問」（inner advisor）。

思想呈現的方式

思想最常見的呈現方式是「內心的說話」，就是以言語的形式在腦海出現，例如：「這個人似乎對我不很友善」；有時也會以內心圖像的形式出現，例如面對一個複雜的問題，有些人的腦海會浮現某些圖像，呈現出問題的答案。無論是言語還是圖像式的思考，思想都會帶給人特定的意義，並且會指引特定的行動或方向。

以乘巴士為例，思想會指引我們乘搭哪一輛巴士、坐在下層還是上層、在哪一站下車才可到達目的地等。你可能會發現，有時我們的內心思想會不期然糾結於哪一輛巴士比較合適、車費較便宜，又或者會不會找到位置等的事情上。當我們坐上一輛差不多滿座的巴士時，內心可能會出現「為什麼不等下一輛巴士呢？現在沒有座位坐了！」諸如此類的想法，可能會在整個乘車的途中重複出現，影響我們的思緒和心情，這就形成一個思想糾結的過程。

思想糾結如何形成

其實，造成糾結思想的原因很可能與我們自我保護的傾向有關。從演化心理學（Evolutionary psychology）的角度來看，人類為了生存，必須學會保護自己。因此，我們的心智會對潛在或可能出現的危險和威脅特別敏感，就如我們遠古時代的祖先，經常面對威脅生命的危險，包括洪水猛獸等，若然他們缺乏這種憂患意識，自然很難生存下去。**心理學家稱這種心智現象為「負面偏差」（Negativity bias）。這心理現象可解釋為何我們容易產生思想上的糾結和負面情緒。**在安全需要的驅使下，我們容易出現焦慮、擔憂、不安等情緒，而思想也會朝着解決問題的方向發展，重重複複地不停去想同一個問題，反而容易陷入糾結的思想之中。

如果你是巴士司機

我們可再用巴士的例子來說明思想糾結的現象。試想像我們的人生是一趟巴士旅程，我們是司機，駕駛着這部「人生巴士」朝着我們認為最重要的方向前進。假如在過程中巴士上的「乘客」——代表着我們的各種思緒，對巴士的旅程有很多不同的意見，面對着一個接一個的意見，我們可能選擇將巴士停下來，與「乘客」逐一理論，訴說我們的方向才是對的。但假如巴士常常停下來，或司機不停與乘客爭論，這就好比一個糾結的思想過程，隨時影響巴士的行程，阻礙我們朝着人生的方向前進。[(1)]

到底糾結的思想對我們的精神健康和生活質素有多大影響呢？你還記得巴士上的乘客是怎樣的嗎？他們當中不少人可能是緊張大師或悲觀主義者，很害怕巴士出事，所以不停地與司機爭論，希望提醒他各種的問題或危險，結果只會阻礙巴士前進。這就如之前所提的，負面傾向和糾結思想會阻礙我們行動和生活上的適應，令我們很難擁有一個充實而有意義的人生。在臨牀工作中，我們遇過不少的個案，因為思想上的糾結而失去應有的活力和實際行動。他們都會過分依賴思想去嘗試解決內心的問題，可是這樣只會將內心愈綁愈緊，結果產生長期抑鬱和焦慮等問題。

到底思想常常糾結的人問題出在哪裏？他們的思想通常不是問題，問題是想得過多。他們常常試圖找出各種答案或解決方法，而在這糾結的過程之中，往往讓人迷失方向。想一想，假如你是巴士司機，你應該怎麼做才對呢？讓自己想十秒鐘……好，時間到。對！答案就是返回司機的座位，把車繼續開往原定方向，不再浪費精力和時間與乘客理論。如果你忍不住又和某位乘客爭論起來，只會令你的人生旅程又一次被延誤，那你可能永遠也不能到達目的地。

規則、理由和判斷 (2)

接納與承諾療法指出，只要我們細心檢視自己的思想，便會發現當中隱含着許多的規則、理由或判斷。這當然是思想的特徵，有助指引我們的行動。但是，正是這些接踵不斷的規則、理由和判斷，讓我們容易陷入思想的糾結當中，沒完沒了，亦令我們難以衝破這些糾結。

留意一下，你可有在內心出現過以下的想法：「我的人生不夠完美」、「我做得不對」、「我是一個不夠好的人」、「其他人總是找出我的錯處」？假如你經常出現以上的想法，你的思想便有機會糾結在規則、理由和判斷之中，就如以下的分析：

- **規則：**如果我有一件事做得不好，我的人生便不夠完美；
- **理由：**別人指出我的錯處，是因為我常常做得不好，很有問題；
- **判斷：**我又做得不好了。有人指出我的錯處，證明我是個不夠好的人。

看起來是否很可怕？然而，我們的思想正是透過這種規則、理由和判斷去發揮它的力量，不是嗎？試想像，如果你每天不斷重複地把不同的規則、理由和判斷加在自己身上，你將會變成一個怎樣的人？在臨牀經驗中，我們發現不少焦慮症或抑鬱症的患者，思想都常常陷入對自我或他人的規則、理由和判斷之中，造成內心許多的糾結和苦惱。

試看看以下的例子。不少強迫症患者的思想糾結，充分表現出他們對規則、理由和判斷的執著：

- **規則：**若不把地方徹底清潔，我們就很大機會受到細菌感染。
- **理由：**我的家人從街外回來，要立刻徹底清潔，這是為了他們的健康着想，防止染上疫症。
- **判斷：**我達不到重複清潔的次數，我真失敗！

不難想像，糾結於這些思想中的強迫症患者，每次和家人外出回家後，便會如臨大敵，對他們來說，他們面對的威脅，好像沒完沒了，永遠都不可能減退。

陷於過去，怯於將來

另一種思想糾結的情況與我們對過去和未來的態度有關。近年世界各地出現的危機狀況，讓不少人感到每況愈下。有些人不禁懷念以前的世界多麼美好：沒有疫症，人與人之間不需要隔離或社交限制，每人的面上都沒有口罩。這樣想着想着，便很難接受現時的狀況。

不單這樣，也有不少人的思想經常陷於過去的不愉快或悲慘的經歷，例如從前的貧窮狀況、失戀、離婚、或受到他人的傷害等等。他們不停回想過去痛苦的經歷，思想糾纏於這些回憶當中，令他們不能活在當下，覺得毫無意義，日子自然難過。事實上，當我們的思想常常卡在過去的時間線上，便很難好好地生活，就如上文「人生巴士」的比喻一樣，無法前進。

另一方面，也有很多人對將來沒有信心，每走一步都害怕會遇到危險，例如害怕外出會染上疫症，連累家人。例如廣泛焦慮症的患者，日常生活中的每一步，往往都充滿憂慮，擔心的感覺總是揮之不去。總而言之，他們都怯於將來，對未來的恐懼可說是無日無之。

請回想一下，你的思想糾結經驗通常是在什麼情況下出現？可有發現自己通常是糾結於規則、理由抑或判斷之中？你是否容易深陷這些想法裏，將它們當成現實？另一方面，回憶過去或想到將來的憂慮時，你有否留意自己會出現思想糾結的情況？

靜觀想法，脫離思想糾結 (3)

剛才提過，我們的思想不時會主動提醒和指引我們。因此，我們愈陷於自己的思想之中，心智活動愈忙過不停，沒完沒了。你可有發現，在以上描述的各種思想糾結情況，我們很容易會被各種思想控制，並且愈纏愈緊，好像被人束縛一般？俗語「鑽牛角尖」正好形容思想糾結的苦況。

在第三及第四章中提過，我們愈想控制自己的內在經驗，痛苦愈增加。反之，我們若能開放和接納自己的情緒經驗，不試圖去控制，反而有機會減輕痛苦。同樣地，如果我們能夠對自己的思想採取開放和接納的態度，便有機會解開糾結思想對我們的捆綁。當中最重要的，便是學習靜觀的態度：**在此時此刻，留意自己的想法，明白它，但不加以批判**（有關靜觀的進一步闡述，請參考第六章）。以下靜觀思想的基本步驟可以進一步說明這點：

- **留意此刻我正在想什麼。**例如：「我又漏買某些東西，我真的沒用！」
- **留意這想法對我有幫助嗎？它能令我的生命更豐盛，還是會阻擋我生命中的去路？**例子：我罵自己沒用，能令我的人生更進步嗎？
- **留意我的想法有否慣性地控制或纏住自己。**例如：我經常有這個想法嗎？每次我做漏了一些事情，便會罵自己沒用嗎？

有一點要注意的是，以上的步驟須在開放與接納的態度下進行。我們要容讓自己的想法出現，接納自己有這些想法，然後選擇是否堅持或緊握住這些想法。**換言之，想法中的規則、理由和判斷，我們只須留意及明白，但不用緊抱它們。**就如在以上的例子中，我們只要留意自己一旦買漏了東西，便立即罵自己沒用這個想法，但不須因此而立刻判斷自己，反而可進一步提醒自己，不要讓這想法限制自己的人生，這才是開放與接納自己思想的重點。

我做了個
錯誤決定了
一會要去
哪裡吃飯？
昨天工作
真不順利
明天要去交費

體驗練習：抽離自己的想法 [4]

你可能會發現，即使能夠留意思想的出現，但心智還是很易被思想控制，不容易放開。這是很常見的現象，慣性的思想已經出現過千百遍，每次出現在腦海的時候，都像是事實一般。以下練習可以幫助你形象化地建立與自己想法的另一種關係，建議你花些時間照着去做，才能體驗到最好的效果。

請先找一張白卡紙，寫上你最常出現對自己的負面想法，例如：「別人總是責備我」、「我做得不夠好」、「所有人都不喜歡我」、「我總是做錯事」等等。請記錄自己最真實而強烈的自我看法，然後拿起這張寫滿了負面想法的白卡紙，把它貼近眼前，留意你眼前看到什麼。對，是一片漆黑，什麼也看不到。接着，請在白卡紙上開兩個小洞，利用小洞來看眼前的事物，有否發現視野被大大地縮窄了？現在請再將白卡紙貼近眼前，然後嘗試和身邊的人説話溝通。當然，他們可能留意到白卡紙上寫滿了負面想法，你可解釋這就是你對自己的想法，看看接下來的溝通是否容易。當你被這白卡紙的信息弄得累透了，便可把它移開，或者放在身旁，然後再看看這個世界，眼前是否寬闊許多，視野是否清晰很多？再與別人溝通起來時，是否可以更暢所欲言？

希望這個練習可讓你體驗到，當我們帶着強烈糾結的負面思想時，會大大阻礙我們看清楚這個世界，以及與別人的聯繫。當你把糾結的思想放在一旁，即使仍然留意到它的存在，但是它對你的影響已沒有這麼直接，你亦可以更容易做到自己想做的事情。

在這個練習中，你沒有改變任何對自己的想法，而是體驗到將這些想法放在眼前，糾纏着自己，然後想像將這些想法放開，放到自己的身旁，不阻礙自己的視線及與世界的連繫時這兩者的分別。透過這個練習，你可以更容易分辨到，我並不等同於貼滿我面前的想法（I am not the same as my thoughts）。就算想法的描述多麼可怕，你仍有一個選擇，就是把它們從你的視線挪開，並與它們保持距離，讓它們不要阻礙你前進，這就是脫離思想糾結的關鍵所在了。

誠然，在許多人的經驗中，糾結的思想實在非常可怕，而且十分真實。對他們來說，能夠做的只是強迫自己不去想起某些想法，又或者努力使它們消失。臨牀經驗顯示，患有創傷後壓力症、驚恐症和強迫症的患者，在他們腦海裏的想法及感覺，都是非常真實的，而且給他們很大的壓力，好像直接受這些想法所控制，讓他們只能不斷地去壓抑或逃避這些經驗。在接納與承諾療法中，我們通常會幫助病人先學習開放及接納自己的恐懼及焦慮情緒，就如第四章提到的方法，然後才去練習脫離思想的糾結，這樣才會更容易見效。

愈壓抑愈反彈的糾結思想

現在嘗試以另一個練習來體驗一下，當我們壓抑自己的思緒時，通常會出現的反彈後果。[5] 請你在腦海裏想像一隻巨大的北極熊，整個身體都是軟綿綿的毛毛，看起來十分鬆軟。這隻毛茸茸的北極熊顏色就像雪一樣的白。現在，可以嘗試想像牠那圓鼓鼓的黑眼睛，和牠雪白的毛形成強烈的對比。這隻雪白而可愛的北極熊正悠閒地坐在冰丘之上。接着，請你在以下的一分鐘儘量不要想起這隻北極熊。在這段時間內，每當你想到北極熊，便用一個標示去記錄，直到時間結束。

好了，在剛才的活動中你有何體驗？你能成功不去想起這隻北極熊嗎？你用什麼方法幫助自己不去想牠？對大部分人來說，要壓抑或是消除想法是一件很困難的事。當你愈想阻止自己去想這隻北極熊，腦海中反而愈會浮現牠的影像。當我們嘗試不去想某些事情，大腦一方面會避開那些想法，但另一方面則會每隔一段時間檢查和壓抑那些想法，以確保它們沒有浮現。矛盾地，這只會把該想法帶回腦海之中，這就是思想壓抑所造成的回彈效應。由此可見，要脫離糾結的思想，並不能一味依靠逃避或壓抑的手法，反而練習以上提到靜觀思想並保持距離的方法，會更有成效。

脫離思想糾結的日常練習 (6)

以下會為你介紹幾個與自己糾結的思想保持距離的方法。我們建議你每逢出現思想糾結時，都可嘗試運用以下的方法，看看這些糾結的情況可會減少。

我留意到我的想法

首先留意腦海中自然彈出的任何一個負面想法，例如：「我感覺壓力很大，不能撐下去了。」在腦海重複多次這個想法，就像被這個想法捉住一樣。然後，嘗試在想法前加上「我有一個想法」，即「我有一個想法：我感覺壓力很大，不能撐下去了。」在腦海中重溫一至兩遍。之後，再在前面加上「我留意到」，即「我留意到，我有一個想法：我感覺壓力很大，不能撐下去了。」再在腦海裏重溫一至兩次。請留意，在每一次的運作過程之後，腦海中的思想糾結會否放鬆一點，你會否能夠更與這個想法保持着距離，而「我感覺壓力很大，不能撐下去了」這想法對自己的影響又會否漸漸減少呢？

唱出自己的想法

首先留意一些負面想法，例如：「我覺得很淒慘，沒有人幫到我。」這時，嘗試配以不同歌曲的調子，唱出自己的想法，例如生日歌，或任何一首你喜歡的歌曲。嘗試投入地去唱幾次，再感受一下，上述的負面想法對自己的影響可有降低。事實上，當我們將想法放在一個不同的語境（context）時，它代表的意義也可能會改變，我們也較有機會不被想法緊緊地捉住。

溪流上的樹葉

這是一個靜觀思想的練習。你如果想有聲音伴讀，可以掃描以下的二維碼：

首先想像自己眼前是一條溪流，溪水慢慢從右邊流到左邊，而有些樹葉隨溪水緩慢地流動。想像一下，在溪流上面每一塊樹葉都代表自己不同的負面想法，都隨着溪水緩慢地向左邊流過去，然後漸漸消失。樹葉不停地帶走你的想法，你要做的，就是當一個觀察者，看着溪流上的樹葉流走，不需要有任何其他的動作。這個練習可幫助我們觀察自己的想法，並與之保持距離，這樣你便較易從思想的糾結中抽離出來。

以上幾個脫離糾結思想的練習，對你來說容易嗎？哪些練習對你比較有用？有沒有在某個練習中發現自己一直捉住的某些想法，原來就只是想法而已？透過這些練習，你有感到自己較容易把想法和現實分開嗎？

人生的故事

人生的經驗隨着年日不斷地累積，形成每個人獨特的人生故事。我們的思想可以為人生經驗加上各種色彩，但糾結的思想往往為人生的故事刻上負面的標記。我們在臨牀工作中遇見過不少受助者，因着過去一些淒慘的童年經歷，例如遭受虐待或欺凌、人際關係中被出賣等等，長大後仍然不能避免重複這種人生經歷，形成一個個延續的淒慘故事。透過以上脫離思想糾結和第七章的方法，他們可以改寫自己的人生故事，重新出發，活出人生新的一頁，不再糾結於既定的劇本之中。

慈心對待自己的思緒

我們在這章提出如何脫離思想的糾結，但不希望帶給你一個印象，認為負面思想是「麻煩友」或「敵人」，以致你需要克服或擺脫它。剛剛相反，你需要學習接納和歡迎你所有的想法和念頭，因它們只是你腦內的活動和經驗，並沒有什麼可怕，而它們都有出現的理由。要是我們討厭、抗拒或試圖壓制自己的思想，就很容易產生反效果，落入思想糾結的漩渦！

因此，我們鼓勵你學習以慈心溫柔地對待自己的思緒，像「溪流上的樹葉」的靜觀練習一樣，嘗試讓意念一個個在你腦海經過，不須捉緊它們，也不用被它們帶走，只須溫柔而安靜地容讓它們自然來去便可。你可留心覺察身體的反應，做一個簡單的身體掃描，看看哪些部位有什麼特別的感覺。然後，你可對自己説一些自我疼惜的句子，例如「我的腦袋想提醒和保護我免受傷害」、「我的心只是擔心我的安危而已」。最後，你可給自己一個溫暖的擁抱，告訴自己不用落入思想的旋渦之中。本書的第十一章會為你深入講解如何可以慈心待己。

結語：讓思想更有效益地服務人生

學習以上脫離思想糾結的方法，可以幫助我們重新認識自己，由以往一直受慣性負面思想所控制的人生，進入到一個更蘊含自由和彈性的內心空間，在這空間裏，思想會為我們的人生價值服務。換句話說，我們可以更有效地運用自己的思想，幫助自己更有效益地達到所認定的人生目標。從這角度來看，也許我們可以將笛卡兒的名言「我思故我在」，換成另一個說法：「我在故我思」。

個案分享

「我算是一個典型的完美主義者，常常因為覺得自己的想法不夠好，或別人負面的批評，腦袋裏常常鑽牛角尖。學習 ACT 裏關於脫離思想糾結的方法，對我有幾方面實質的幫助。首先我練習靜觀想法，就好像多了一個觀察者，較容易以一個客觀的態度去對待自己主觀的想法。慢慢地我留意到這些不斷重複要求自己做到最好的想法，一直限制着我。然後，我練習如何放開自己的想法，透過一些練習，我更留意內心彈出來的每一個想法，特別是要求自己完美的想法，繼而發覺我可以用另一個角度去對待想法：我不需要像以往一般捉緊它們，而是輕輕地留意到它們，多謝它們，然後放開。這讓我感覺輕鬆了不少，也減少了這些不斷重複要求自己做到最好的想法，好像有更多的空間，讓自己為人生的問題作出更好的選擇。」

參考文獻

1-4. Hayes, S. C., Strosahl, K. D., & Wilson, K. G.(2012). *Acceptance and commitment therapy: An experiential approach to behavior change* (2nd ed.). New York: Guilford Press.

5. Wegner, D. M., Schneider, D. J., Carter, S., & White, T.(1987). Paradoxical effects of thought suppression. *Journal of Personality and Social Psychology, 53*, 5-13.

6. Harris, R.(2019). *ACT made simple: An easy-to-read primer on acceptance and commitment therapy* (2nd ed.). Oakland: New Harbinger Publications.

第六章 活在當下，連繫此刻

沒有人生活在過去，也沒有人生活在未來，

現在是生命確實佔有的唯一形態。

叔本華

只有一個時刻是重要的——現在！

這是最重要的時刻，

因為這是我們能夠有能力改變的唯一時刻。

托爾斯泰

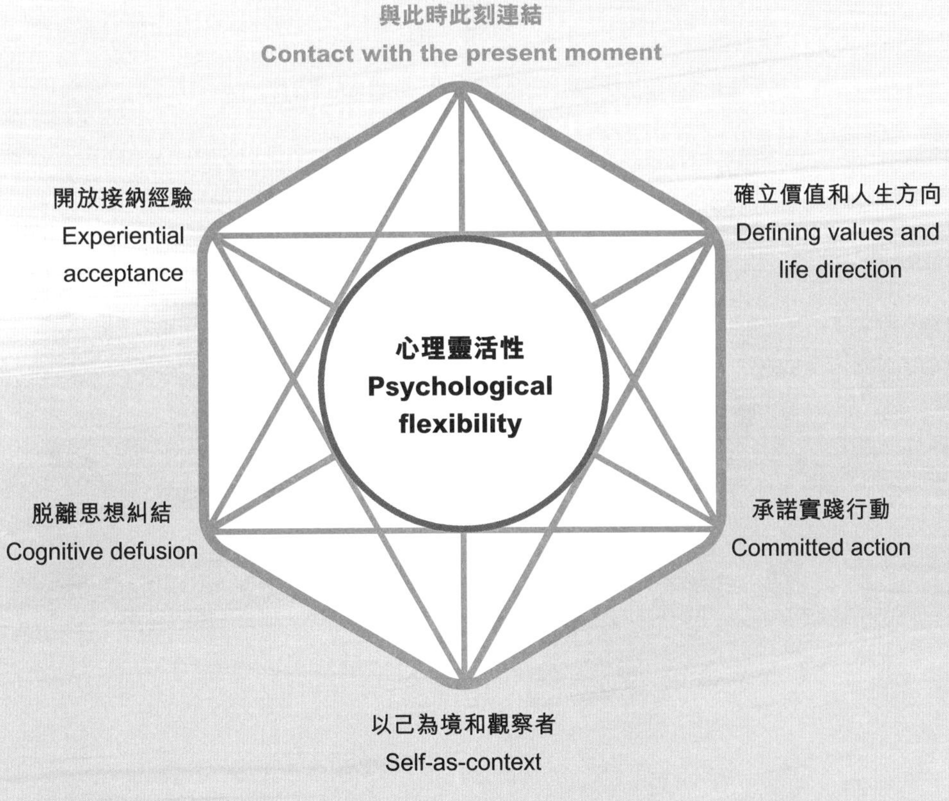

與此時此刻連結
Contact with the present moment

開放接納經驗
Experiential acceptance

確立價值和人生方向
Defining values and life direction

心理靈活性
Psychological flexibility

脫離思想糾結
Cognitive defusion

承諾實踐行動
Committed action

以己為境和觀察者
Self-as-context

我們在第四章提出對自己的內在經驗接納和開放，特別在情緒方面，這對自己的心理健康非常重要。如能多練習覺察和接納自己的內在經驗，便能發揮經驗本身具備的作用，幫助我們更有效地回應現實的挑戰。然後，我們在第五章探討思想或心智對我們的影響，大腦是一副非常複雜的「機器」，最擅長用思考來應對現實和處理問題，我們可稱這部分的自己為「思考的我」(Thinking self)，[1] 它像是一把兩刃的劍，非常有用，但也是苦惱的根源，因我們很易被自己的心智所主導，甚至是騎劫，造成思想糾結，不斷地鑽牛角尖，這是我們痛上加苦的原因。

因此，我們在前面兩章建議你學習接納自己的內在經驗，並與自己糾結的思想保持距離，脫離糾結，這才能減少困擾，改善心理健康。若要做到這兩方面，你還須學習另一個非常重要的心理技巧，也是接納與承諾治療的第三個向度——活在當下，連繫此刻。

若想明白為何專注當下對我們的心理健康這樣重要，最好的方法就是明白不專注當下會帶來什麼後果。在一篇名為 "A wandering mind is an unhappy mind" 的學術文章中 [2]，作者 Killingsworth 和 Gilbert 的研究指出，一般而言，我們的心智約有五成時間是處於自動導航、心不在焉的狀態之中，即大腦不斷地思想當下以外的事情 (wandering)，而在這段時間裏我們的心情通常較為不愉快；有趣的是，即使我們思想的是開心的事情，但仍不及專注當下的活動時那樣愉快；若思想的是中性或不開心的事情，那心情就更不堪了。作者的結論認為，自動導航的心智狀態是產生不愉快情緒的原因之一。

如此看來，似乎當我們的心智處於mindful（專注覺察），而非mindfull（思想糾結）的狀態時，更有機會產生正面情緒。接納與承諾治療的專家羅斯·哈里斯將自我區分成兩部分：**「覺察的我」（Observing self）和「思考的我」**，前者的狀態像mindfulness，而後者則像mindfullness。當然，這並非說「思考的我」本身有問題，我們很多時都需要依賴「思考的我」去因應現實，處理問題；只是，我們很容易過分依賴這部分的自我，以致造成失衡，心智經常處於自動導航，而非專注當下的狀態。

不專注當下的後果

到底不專注當下可產生什麼問題？為何心情會較為不愉快呢？試想像你正在駕駛一部最新型的跑車，是你夢寐以求的，可惜在開車不久你就接到上司打來的電話，怒氣沖沖的對你剛呈上的計劃書批評得體無完膚，更質疑你的能力。講完電話後，你滿腦子都是上司的聲音，和內心反駁他的理據，根本享受不到駕駛這新款跑車的樂趣，甚至可能會因太多思想糾結，險些發生交通意外。你認為這種情況理想嗎？

當然，這似乎是個稍為極端的例子，但試回顧日常生活之中，多少時候你在想着與當下此刻無關的事情呢？例如用餐時不是專注食物的味道，或進食的感覺，而是不斷思想生活中其他的瑣事；或是與人交談時，內心其實在思索一會兒要處理的事情，而非專注於談話的內容。

你的「思考的我」是否經常都非常活躍呢？你會經常處於自動導航的狀況嗎？對自己的心情可有什麼影響？

在日常生活中，這些心不在焉、不專注當下的例子實在太多，到底我們這樣做會有什麼損失或問題呢？其中之一是不能全心全意融入此時此刻的經驗，無法全面深入而豐富的體會，特別是正面和愉快的經驗。就如你進食時不專心，自然無法享受美食的滋味，即使山珍海味在你跟前，也是浪費。這樣的話，你以為你的生活滿足感會增加還是減少呢？許多時我們想追求更多的刺激或擁有更多的東西，否則就會感到現實非常刻板、沉悶和乏味。其實問題的核心可能是我們未曉得如何連結於當下實在的經驗，細味當中的情趣，只想如果現實不是這樣就好了（總以為有更多的財富、更好的職業、更美麗的妻子或更本事的丈夫就好了）。**要是我們曉得專注眼前，與此刻深深地連結，自然能發現許多藏於此刻豐富的經驗，現實也會變得更為可貴或有趣**，而我們也毋須幻想更好的現實來安慰自己，也更容易叫自己知足常樂。

細味人生

正向心理學的理論和研究顯示，細味經驗（Savoring）是一個能增加正面情緒的心理技巧，也是以上所討論的專注並與此刻連結的一種表現。[(3)] 細味通常是指能夠深刻和仔細地品味人生正向愉快的經驗，就像存款和投資於內心的感情銀行一樣，細味可以將正面經驗的感覺放大，增加正向心理資源，像財富的投資一般。

細味是全心全意地投入此刻愉快的經驗，例如遠足時整個人融入美麗的大自然之中，用眼睛觀看四周羣山環繞的景色，如蔚藍的天空和青蔥的樹林，用耳朵細聽雀鳥的歌聲和昆蟲的叫聲，也可感受一下雙腳與大地接觸，或嗅到大自然氣息。這樣看來，不懂細味人生的人絕對是錯失了最直接和即時享受生命的機會。

小孩子往往是最能細味經驗的。他們很容易專注投入所做的事情之中。很多年前筆者（湯氏）的女兒曾用以下這段文字，記錄她日常生活中的一些愉快經歷，充分展示出她對生活細緻的感受：「我喜歡每天和大廈的管理員叔叔和姨姨打招呼和攀談。我喜歡上學時看見路旁的大樹，我愛聽樹上鳥兒唱歌的聲音。我喜歡陽光從樹葉之間照射下來的影像，我喜歡嗅嗅花兒的味道。我欣賞大廈前一大片的青草地，在我不開心時可以令我釋懷，又能叫我心曠神怡。」**可見，若我們懂得細味生活每一個細節，即使極平凡的經驗，也可為我們帶來樂趣和驚喜呢！**

你有否因經常缺乏與當下連結而失去細味經驗的樂趣？細味生活真的會帶來更多的快樂嗎？

細味經驗練習

每星期請你抽一段時間，讓自己好好享受美好的時光，選擇一個你喜歡和能夠令你身心愉快的活動，在過程中儘量專注投入，樂在其中。活動完結之後，好好回味一下這個經驗，回答以下問題：

1. 在活動中你經歷到什麼？
2. 你會怎樣形容內心的正面感受、想法、身體的感覺等等？你可有感到暢快、滿足、歡樂、興奮、恬靜或熱情呢？
3. 你覺得這個活動能帶給你正面經驗的原因是什麼？
4. 這次正面經驗對你的心情和想法可有什麼影響？
5. 你怎樣在日常生活中安排多些這樣的經驗或活動？

與痛苦經驗連結

當然，不懂得專注當下也會令你錯失與痛苦或困難經驗連結的機會。你可能好奇為何這也是一種損失，要是你回顧第四章的主題〈開放自己，接納經驗〉，你就會明白連結於此刻痛苦的經驗也是心理健康重要的一環，因逃避或抗拒這些經驗往往會產生更多痛苦，也會錯失機會明白這些經驗向你傳遞的信息。只有勇於與這些經驗連結，進入其中，深刻地體會，才能從中得到啟迪和轉化，有助自己成長。

這種說法是否很抽象呢？也許以下的例子可以說明這點。假如你每逢與某個朋友交談時，總會感到渾身不自然，甚至有些緊張和不安。你不明白為何會這樣，但這些感覺實在太不舒服了，於是你嘗試抽離自己，叫自己不要理會，裝作若無其事。你可能會短期內減輕不安的情緒，卻失去一個更深了解自己的機會。若果你的處理方法改變，嘗試多些接觸內心這種不安的感覺，不作逃避，反而帶着開放、感興趣、和善的態度對待內心的經驗，你可能會發現不為自己所知的一面，明白不安或緊張的原因（例如過分自我保護或敏感，或對方極像過去一個傷害過你的人），這就是與痛苦經驗連結所帶來的益處。

心智的時光機

除了錯失細味人生和了解自己的機會之外，不專注當下還會衍生其他問題。我們的心智很易處於自動導航的狀況，不專注當下可說是常態。我們的心思很多時都會陷入對過去的回憶或未來的想像，而這些思緒往往都會造成情緒困擾。說到專注當下，小孩往往比大人表現得更好。小孩子大多是很易投入當下經驗的，例如開心時會笑，傷心時會哭，玩耍起來非常投入，很少心不在焉，確實令人羨慕。但當孩子漸漸長大，心思意念就會變得複雜，開始產生許多的思緒，不再像以往般專注當下，或經常回憶過去的經歷，或憂慮未來可能會發生的事，將我們帶離此時此刻正經歷的事情。

正因為我們的心智就像「時光機」一般，不斷遊走於過去和未來之間，自然較少時間停留於當下此刻。不單如此，「思考的我」像述事的高手，總喜歡將事情的來龍去脈串連起來，心智就自然被一連串的故事所牽動，而忘記了當下。被過去的述事牽動的最典型例子是創傷性的經驗，例如被虐、意外、重病、關係破裂、天災等等。即使該創傷事件已經過去多年，但你的腦袋仍是不停回憶那個經歷，你便難於專注當下，活得自由，因你的心早已被羈留於過去的創傷之中。

另一種不能與此時此刻連結的原因，是過分關注未來，這正是焦慮的本質。焦慮是對未來可能會出現的問題感到擔心的反應，經常性焦慮症的患者最易出現這種情況。當你不斷想像可能會出現嚴重甚至是災難性的事件時，自然很難好好地與此刻連結，因你已陷入思想的糾結之中。

一般而言，憂慮未來的人內心缺乏安全感，非常害怕沒有把握的事情，對不能預測和控制的未來感到擔心。他們最希望的是一切都盡在掌握之中，沒有任何意外或突發性的危機。他們不太喜歡轉變，對自己應對改變的能力亦缺乏信心，所以內心容易產生焦慮和不安。當然，這種心理狀態下自然很難平靜和專注，因內心充塞着無數的假如……萬一……就會……怎算……的思緒，情緒也會較易波動。

簡而言之，若我們的心智過分關注或停留於過去痛苦的經歷，心情容易變得低落，甚至抑鬱；若過於憂慮未來可能出現的問題或危機，心情就會容易不安和焦慮，這些往往就是抑鬱症和焦慮症的特徵。

靜觀覺察

專注當下，與此刻連結正是改善以上情況的有效方法，因專注當下所運用的是「覺察的我」，而非「思考的我」，所以較易擺脫負面的思想漩渦。專注當下依賴靜觀覺察，特別是當刻感官的經驗。這些經驗都是直接感受而非用腦袋去思考的。就如你在山頂上欣賞美麗壯觀的日落時，只須運用視覺，並全情投入這景色之中，絕對不需運用腦袋對眼前的美景作出分析、研究、判斷、比較等等，因這只會失去與此刻經驗連結的機會，反而不能盡情享受日落的美景。

既然專注當下，與此刻連結，對心理健康如此重要，要如何培養這種狀態呢？近年非常流行和備受重視的靜觀（mindfulness）正是培養這方面的最佳方法。靜觀的創立人美國麻省大學的喬・卡巴金（Jon Kabat-Zinn）將東方的佛學和禪宗的修習去宗教化後，應用於現代醫學和心理治療之中，最初是針對改善長期痛症和其他病患者的壓力和心理健康，為此卡巴金研發出著名的「靜觀為本減壓課程」（Mindfulness-based Stress Reduction Program，簡稱 MBSR）成效非常顯著。(4)

卡巴金將靜觀定義為**「有意識地留心當下此時此刻，不加批判，以特定的方式覺察」**（paying attention in a particular way: on purpose, in the present moment and non-judgmentally）。(5) 可以說，靜觀是某種特定的專注，當中包含了：(1) 目的（intention）：培養覺察（awareness）；(2) 專注（attention）：於此刻經驗，包括思想、情緒、感官等經驗；(3)

態度（attitude）：不批判、好奇和友善（non-judgmental, curious, and kind）。[6]

靜觀覺察練習

現在讓我們立刻嘗試做一個簡單的靜觀覺察練習。你如果想有聲音伴讀，可以掃描以下的二維碼：

首先，請先平穩地安坐在椅子上，你可以選擇合上眼睛，或是溫柔地注視着前方的一點。然後，輕輕感受一下身體，直至發現一個較明顯的身體感覺，然後停留在這個位置上，帶着好奇心，看看可否容許它存在。你可留意它的大小和形狀；感受一下到底它是四處走動的，還是停留在某一個位置；感受一下它的溫度，或有沒有拉扯的感覺。

現在，嘗試留意和形容這種身體感覺帶來的感受，繼續容許它的存在，不去批判或作出任何反應。

接下來，請花幾分鐘觀察自己的想法。我們的腦袋無時無刻都在製造各種想法，重點是不要被捲進想法當中。當想法出現時，你可以對自己說:「我現在有一個想法」，再把它放下，讓它離開。之後，返回當下，靜待下一個想法。在接下來的幾分鐘，請你留意着自己的想法。

然後，你可以留意自己會否有一股衝動伴隨着身體感覺、感受或想法？這可能是一股衝動去做或不做某些事情。嘗試與這股衝動共存，而不對它作出回應。

在完結這練習前，請先深呼吸幾下，然後慢慢張開眼睛，將注意力帶回你身處的地方。

靜觀的七大元素

卡巴金進一步闡釋，靜觀包含以下七種基本元素，有助我們從中獲得人生智慧：[7]

1 不批判（non-judging）：我們的常態是不停地對所有經驗進行判斷，這是好的，那是壞的；這是我想要的，那是我不想要的，這往往造成心理上的煩擾。不批判就是正視此刻的經驗，不加上任何的標籤或評語，如實地覺察就可以了。任何對此刻的批判都有機會造成思想上的糾結，將你帶離與此刻直接的連結。

2 忍耐（patience）：忍耐是接納當下，同時又不企圖催促任何過度的改變。要做到這點，需要很大的勇氣和智慧；能忍耐當下的狀況，就像小孩有耐性地等待幼蟲漸漸地成長，有一天破繭而出，變成蝴蝶，而非將幼蟲由繭中強扯出來，結果把牠弄死。

3 初心（beginner's mind）：用初心去專注當下，就是將此刻的經驗視作第一次的經歷，抱着開放和好奇的態度，而非視現實為理所當然的。只有懷着初心，你才能體會此刻經驗的獨特和不平凡之處。其實，每個時刻都是獨一無二的，當中蘊藏着豐富的寶藏，只要你願意去探索就可以發現。

4 信任（trust）：信任自己的經驗是不簡單的。信任你的感官經驗、直覺和內心的智慧，總比盲目信任權威或別人的説話好。長遠而言，你能更有效地因應現實的要求。任何的經驗總有其意義和價值，信任自己就是一把開啟這些寶藏的鑰匙。

5 從容（non-striving）：太注重目標的追求或經驗帶來的結果，你會忽略每時每刻經驗中的變化，並失掉享受與當下連結所帶來的樂趣和好處。專注當下是從容地面對此刻的過程，而非下一刻的結果。

6 接納（acceptance）：完全接納此刻所有經驗，不論是愉快還是痛苦的。這無疑需要很大的勇氣，但不接納的態度往往造成內心的糾結，產生更多負面情緒。有趣的是，當你願意開放接納每刻的真實經驗，不用浪費氣力於內心的掙扎，或企圖改變現狀，你反而會輕鬆許多。這樣，問題反而有機會逐漸得到改善。

**7 放下（letting go）：**放下就是不執著於此刻任何經驗，不論這經驗是何等的美好，或是何等的痛苦。執著美好的經驗，是一種妄想，因任何的經驗總會改變或消失，你不能叫它停留；而執著痛苦經驗，全心希望除去或逃避這些經驗也是徒然的，只會墮入更大的苦惱之中。放下就是願意讓任何的經驗自來自去，不用執著，只須靜觀覺察就可以了。

在這靜觀的七個元素中，哪個你最容易掌握？哪個你最需要多加練習？可以怎樣去做？

靜觀進食練習

現在介紹另一個靜觀練習——靜觀進食，你在日常生活中也可以輕易做到的。如果想有聲音伴讀，可以掃描以下的二維碼：[8]

首先，請選擇一種食物。在練習開始時，留意你的呼吸和身體感覺，將雙腳穩妥地放在地上，在椅子上坐直，覺察此時此刻的經驗。

留意任何你正在想着的念頭、體會的身體感覺和情緒。你可能覺得飢餓或飽腹，或者感到口渴或很想吃某種食物。不加批判地留意這些感覺，只需要留意身體給你的信息。

現在把你的注意力帶到食物上。把它放在手掌上，或拇指和食指之間。想像你是來自外太空的外星人，從未見過這樣的物件，細看它的顏色、形狀和大小。讓你的眼睛掃視它的每一寸，觀察裂縫和皺紋，以及任何不對稱的地方或獨特的特徵。

現在合上眼睛，將注意力轉移到手中的食物上。在手指間移動物件並感受其質感。探索任何凸起的地方或皺紋，並留意它的溫度。它是涼的？濕的？滑的？還是黏的？抑或又乾又脆？

將食物帶到你的鼻子前，湊近鼻子，相距幾厘米的位置。每次吸氣時，留意任何氣味或香氣。這種氣味會勾起你任何回憶嗎？留意身體對氣味的感覺或反應。你可能會發現你的胃在咕咕叫，或者你的嘴巴在流口水。

當你將食物放到嘴唇上時，留意你的手臂和手如何在沒有意識的情況下將它完美地放在嘴裏。暫時不要咀嚼，相反，讓食物停留在你的口腔，用舌頭探索它或把它滾動到你口腔內不同位置。

當你準備好後，慢慢咬一兩口，專注於嘴裏的感覺，咀嚼時散發出來的味道，並咀嚼食物的聲音。留意味道如何隨時間變化，然後探索食物是如何變化、溶化和慢慢消失的。

當想吞下食物的念頭出現時，留意它。當你吞下食物時，想像食物從嘴巴經過食道，到達胃部。留意任何留在口腔的感覺。再次留意你的身體和呼吸。此刻你正在經歷什麼感覺？

結束這個練習前，回到你的呼吸，深深地吸氣和呼氣，然後將注意力帶回現場。

結語

靜觀覺察，專注當下，與此時此刻連結，這是心理靈活性極為重要的特質和向度。只有專注於每時每刻的經驗，我們才可對自己的經驗開放，好奇地探索每一個經驗，也可細味生活中的美好。同時，專注當下也是脫離思想糾結的關鍵，可以避免思緒不斷遊走於過去和未來之間，製造不必要的困擾。更重要是，靜觀覺察帶來對生活更豐富的體驗，是自動導航的心智模式不可能做到的。

個案分享

「練習靜觀覺察為我帶來心理和情緒上的改變。以前我的腦袋總是非常忙碌，不是想這個，就是想那個，尤其是遇到困難和壓力時，整個人就像被負面的思想捉住。這些思想會不停在腦袋中出現，無法放開，愈想控制就只會纏得愈緊。這時，我會完全失去享受當下的機會，就像食而不知其味，整個人仿似活在自己的腦袋裏頭，而非活在現實。然而，靜觀的修習幫助我漸漸覺察到自己的內在經驗，包括纏住自己的思想，能自覺地將專注力轉移到身體的感覺和五官的經驗上，能再次回到當下此刻，不被重複思想所纏繞。自覺更能對當下的經驗有更深刻的體驗，活得更自在和真實。」

參考文獻

1. Harris, R.(2019). *ACT made simple: An easy-to-read primer on acceptance and commitment therapy* (2nd ed.). Oakland: New Harbinger Publications.

2. Killingsworth, M. A., & Gilbert, D. T.(2010). A wandering mind is an unhappy mind. *Science, vol. 330*, 932.

3. Bryant, F. B., & Veroff, J.(2017). *Savoring: A new model of positive experience*. New York: Psychology Press.

4. Kabat-Zinn, J.(2003). Mindfulness-based interventions in context: Past, present, and future. *Blackwell Publishing, 10* (2), 144.

5. Zinn, J. K.(1994). *Wherever you go, there you are: Mindfulness meditation in everyday life*. New York: Hyperion, 78-80.

6. Bishop, S. R., Lau, M., Shapiro, S., Carlson, L., Anderson, N. D., Carmody, J., ... & Devins, G.(2004). Mindfulness: A proposed operational definition. *Clinical Psychology: Science and Practice, 11* (3), 230.

7. Kabat-Zinn, J.(1996). *Full Catastrophe living: Using the wisdom of your body and mind to face stress, pain, and illness*. New York: Bantam Doubleday Dell Publishing Group Inc.

8. Segal, Z. V., Williams, J. M. G., & Teasdale, J. D.(2013). *Mindfulness-based cognitive therapy for depression* (2nd ed.). New York: The Guilford Press.

第七章 以己為境，作觀察者

多年來，你來來去去都討好這種錯覺。

多年來，你已經逃離了痛苦，失去了狂喜。

所以來吧，回到自己靈魂的根。

魯米

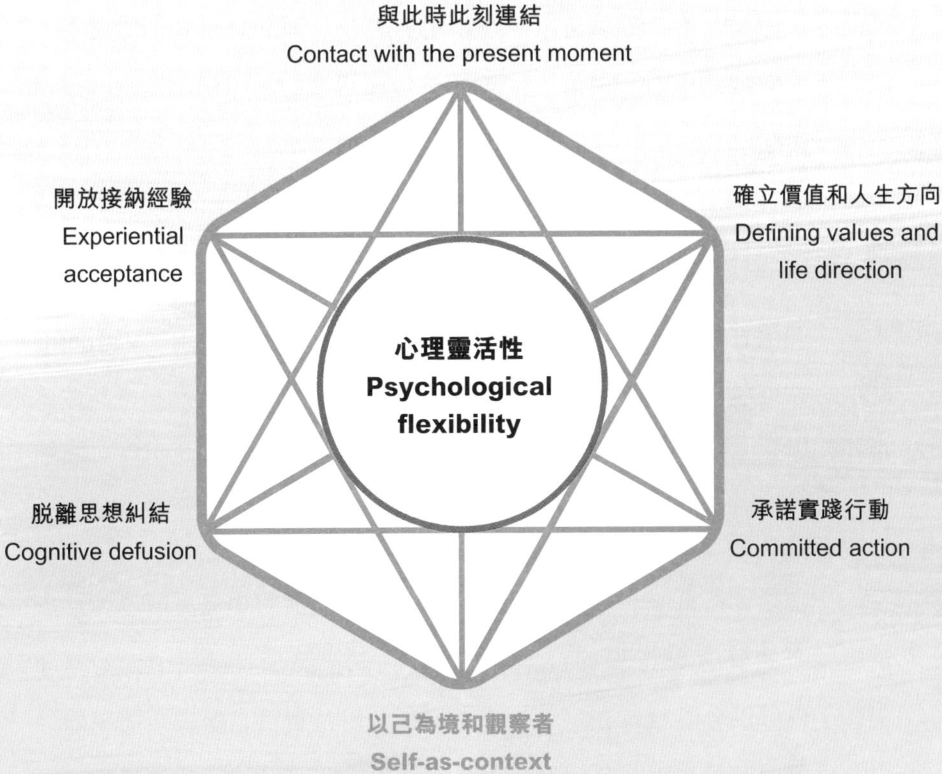

與此時此刻連結
Contact with the present moment

開放接納經驗
Experiential acceptance

確立價值和人生方向
Defining values and life direction

心理靈活性
Psychological flexibility

脫離思想糾結
Cognitive defusion

承諾實踐行動
Committed action

以己為境和觀察者
Self-as-context

在上一章，我們探討了心理靈活性的第三個向度——活在當下，連繫此刻——的重要性。當我們在一個專注當下、靜觀現在的狀態下，才有足夠的內心空間去連結自己的價值和作出合宜的行動。在本章，我們將進一步探討如何運用接納與承諾療法的另一個向度——以自己為觀察者的角度，去面對個人的經歷：專注當下，同時體會自己並不等同於自己的任何經驗，不為經驗所限，也不用糾纏於負面的思想和情緒之中，能夠更有效地活出內心價值，這正是心理靈活性的第四個向度——以己為境，作觀察者的重點所在。

何為「我」？

不知道你有沒有問過自己以下的問題：我是誰？在人生之中不同的時期，你可能會重複地問自己這個問題。這其實反映了「我」可能並不是一個固定不變的自己，而是不斷演變中的主觀經驗，因此很難客觀地去描述究竟何為「我」。

心理學家研究小孩子的認知經驗，發現六歲前的小孩可能還未形成清晰的自我概念。[(1)] 但隨着年紀漸長，他們可區分自己與他人的不同經驗，也可以分辨自己在這裏，或在那裏，以及自己在過去與將來的分別，這可以顯示出自我是一個發展中的過程。很多時，當我們說某人很自我中心，通常是指他像小孩般，心智仍停留在以自己為唯一中心的階段，並不容易察覺他人與自己的分別。

另一方面，青少年期通常是一個人發展自我及自尊感的重要階段。不少家長都反映，大概十歲以上的少年人，大都想擁有自己的主見、選擇和決定，與其說他們開始反叛，不如說這是他們尋找自我的一個重要里程碑。

那麼，來到成人階段，你會怎樣看自己呢？你會不會經常專注於自己，靠着「自我」去處理日常生活大大小小的事情呢？你會否對自己有所要求，做每件事都要達到一個標準，甚至要求完美呢？事實上，我們每個人都是按着自己的性格，依從自己的一套去做事及表現自己。正如第五章所描述的心智或「思考的我」，可以指引我們的行動，但也容易使我們落入思想陷阱，陷於各種的思想糾結之中。

以「觀察者的我」靜觀經驗

然而，第六章所提到的專注當下及靜觀的態度，可助我們將「我」看成一個觀察者，冷靜地去觀察他人、世界，以至自己的內心經驗。這個觀察者的「我」，會為我們開拓一個新世界，就像我們可以既是演員，亦是觀眾，對自己每刻的經驗都能有所覺察。現在，讓我們先做一個練習去體驗何為「觀察者的我」。

戲中的演員與觀眾

首先，將眼前的現實景象想像成一個大舞台，而你是這舞台的主角。留意自己怎樣去演出這套戲，包括你與身邊人或事情的互動、你與身邊人的對話、你每一個動作帶給自己的感覺等等。現在，又想像自己跳到舞台下的觀眾席中，成為觀眾，一直觀察着在台上作為演員的自己：每一個動作、想法與感受。當你成為觀眾，你留意到演員的自己每一刻的經驗。此時，你毋須改變自己作為演員的演出，繼續以觀眾身分一直留心觀察自己就可以了。

在剛才的練習中，如果你清楚留意自己作為演員與作為觀眾的分別，便容易察覺後者更貼近「觀察者的自己」。你可能不禁會問，究竟誰才是自己？又可能會發現，兩者都是自己。不是嗎？靜觀可以讓我們專注當下，像觀眾般去觀察及留意自己外在和內在的經驗，這種經驗方式的確可以大大擴闊我們心靈的空間。

在剛才的練習中，你留意到自己作為演員和觀眾的分別嗎？你能否體驗到作為觀察者的自己呢？

受困於角色的自己

有沒有聽過某些演員因過分投入所飾演的角色，煞科之後仍然不能抽離，甚至誤以為自己就是那個角色呢？現實中，我們也一直扮演着某些熟悉的角色，例如父親、女兒、太太、老師、學生、上司、下屬等等。有時候，我們會將自己的某個特點當成自己的角色，例如忠心的員工；有時候，某些經歷令我們執著於某些角色，一直受其限制，例如「受害者」、「無用的人」等等。由於我們過於投入和忠於這些角色，自然很難抽離，而當事實與角色不符時，我們仍然慣性地跟隨這些角色，例如受害者的角色，這種做法不期然會為自己增加各種不必要的麻煩和痛苦。

假如我們能按照以上「演員與觀眾」的覺察練習去靜觀自己的經驗，多些回到觀察者的自己，便較容易抽離某些特定的角色，不受其所困。舉個例子，你在公司裏扮演「好好先生」的上司，儘量滿足下屬的需要；但是回到家後，你有時會不禁發些小脾氣，責罵子女幾句。現在請你抽離自己的角色，靜觀一下。這時作為觀察者的自己，會否留意到上班時的自己和回到家裏的自己，原來有着不同的説話和行為模式？這種覺察可助你較易接納自己在不同時候的角色和表達，而不至於感到自己前後矛盾。

你有否留意到自己在不同的場合和角色裏有着不同的表現、說話、語氣和思想的方式？如果以一個觀察者的位置去留意自己前後的角色變化，你會否感到減少一些矛盾呢？

深陷於經驗的自己

除了既定角色可以是局限自我的枷鎖之外，自己的內在經驗也會產生類似的問題。**接納與承諾療法所強調的心理靈活性，正是運用「觀察者的我」（self-as-context / observer）去看待自我角色和內在經驗，這對心理健康非常重要。**我們每天都會遇上各種不同的經驗，就像變化中的天氣一樣，而某些經驗又會特別容易觸動我們的情緒。此刻，自我很易與這些經驗融合，失去健康而有效的心理距離和彈性。如何可以避免這種心理融合呢？我們可以想像自己就像一個容器，能夠盛載各種經歷到的主觀經驗。然而，你明白經驗不等同於盛載經驗的容器（自我），這樣你就不會因過分認同某些痛苦經驗而迷失自己，從而失去心理的靈活性了。

天空與天氣的比喻[2]

現在，讓我們用天空和不同的天氣作個比喻，進一步說明如何辨認觀察者的自己。試想像觀察者的自己就好似一片天空，有各種天氣，時而驟雨，時而放晴；這刻行雷閃電，那刻艷陽高照。但無論是多大的颱風、多強的閃電或多猛的暴風雨，都不會對天空造成任何的損傷。在這片天空裏，永遠都會出現不時改變的天氣，有時我們甚至會受天氣所影響，望不到天空。但假如我們提升自己的視線，越過雲層，就會見到無邊無際的天空並未消失。我們可以記着內心總有這一片天空，無論天氣如何轉變，我們仍然可以安全地返回天空，扮演觀察者的角色，讓自己不受天氣（內在經驗）所控制或傷害。

我大於我的經驗

以天空比喻為觀察者的自己，可讓我們更能盛載不同的經驗。無論遭遇到的事情有多壞，我們都可把它視為一種經驗，並不容易受到影響。試回想過去一件令你感到悲傷的事情，例如財物上的損失，甚或是親人過世。在這過程中，你悲傷了多久？然而此刻的你，是否已回復了平靜？就算現在未能回復平靜，試想想五年、十年後的你，會否又擁有另一種經驗呢？**這樣看來，在「觀察者的我」裏，我可以經歷各種不同的經驗，並不須懼怕或抗拒；因為我並不等同於那些經驗，我乃是盛載經驗的容器，經驗並不會傷害我。**有了這種層次的自我觀，我們便不用抗拒困苦的情緒經驗，又或是糾結於負面的思想當中，而內心的空間自然廣闊得多了。

進一步看，我過去的人生故事和所有的經驗，包括思想、情感、渴求、衝動等等，都不能充分定義這個「我」，因我是超越和大於所有自己的人生故事和經驗的。若我過分認同自己的經驗和故事，我的行為便很易受後者所左右和影響。例如，如果我認定自己是個膽小無用的人，必然不敢嘗試新的挑戰，或發揮自己的所長。如果我過於認同自己是一個抑鬱的人，必然不會容讓自己經驗太多開心愉快的感覺，因這不符合自我的界定和認知。

以己為境，覺察人生經驗

想像你剛過了很倒霉的一天：早上趕不上車，工作繁忙，沒有時間吃飯，更被上司責罵。回到家中，小孩和太太又不斷煩擾你。你既不安又憤怒，內心不禁感歎，為什麼我有這麼倒霉的一天！這時，如果你退後一步，回到作為觀眾或觀察者的自己，提醒自己：這不過是尋常的一天，就如壞天氣，不會永遠存在。只要你能冷靜覺察，便會發現毋須太受今天不愉快的事件所影響，反而可以選擇像個觀察者去細味今天所經歷的一切。

人生如棋盤 (3)

另一個比喻能幫助我們作個觀察者的自己，是將人生視為一盤棋。人生就像一盤黑白棋，在你過去的人生中，黑子（比喻失去的事情或東西）還是白子（比喻得到的事情或東西）居多呢？回想你過往人生的經歷中，黑白棋子是怎樣分佈的？可能開始時黑子居多，白子較少，漸漸黑白子分佈平均；再過些時候，白子佔優，黑子減少，你達到了人生的高峰。但是一段時間後，黑子又上升，白子不知不覺間減少，你又滑下來了。這樣，隨着年月增長，你會否擔憂終有一天棋盤上全是黑子，而白子或許只剩下如自己頭上的髮絲般寥寥可數呢？

假如黑子和白子都代表各種不同人生經驗的累積，那麼我們會否總是將目光局限於棋盤上黑白棋子的分佈呢？而觀察者的我又在哪裏？

在棋盤上不停上演着黑白子的你爭我奪，一時白子佔多，一時則黑子佔多，但相對於棋子，棋盤是不變的，無論上面擺放着多少黑子和白子，對棋盤都沒有影響。**如果我們可以把目光從黑白棋子轉移到棋盤上，就可回到「觀察者的我」，不容易受到棋局的變化影響，反而更容易去細味人生中黑白棋子的演變了。**

以上人生如棋盤的比喻，可幫助我們從經驗者（黑子白子）的視角跳出來，回到觀察者（棋盤）的視角。其中的關鍵，是我們如何能從糾纏不清的棋局中抽身，不再執著於棋局的變化。換言之，就是不計較得與失，反而專注於盛載着經驗的自己。相信對許多人來說，這是一個既新鮮而又不容易獲得的經驗，因為我們都太習慣着眼於得與失、好與壞的種種經驗，而很少能放開這種批判、評價式的想法。其實只有回到觀察者的視角，你才可縱觀全局，不再局限於自己正負面的經驗當中。

讀過黑白棋盤的比喻，過往的你會否過於執著於白子或是黑子呢？你有否留意到，有時候你既不是黑子也不是白子，而是承載着棋子的棋盤呢？這種領悟會否令你對自己的人生有一份新的體驗呢？

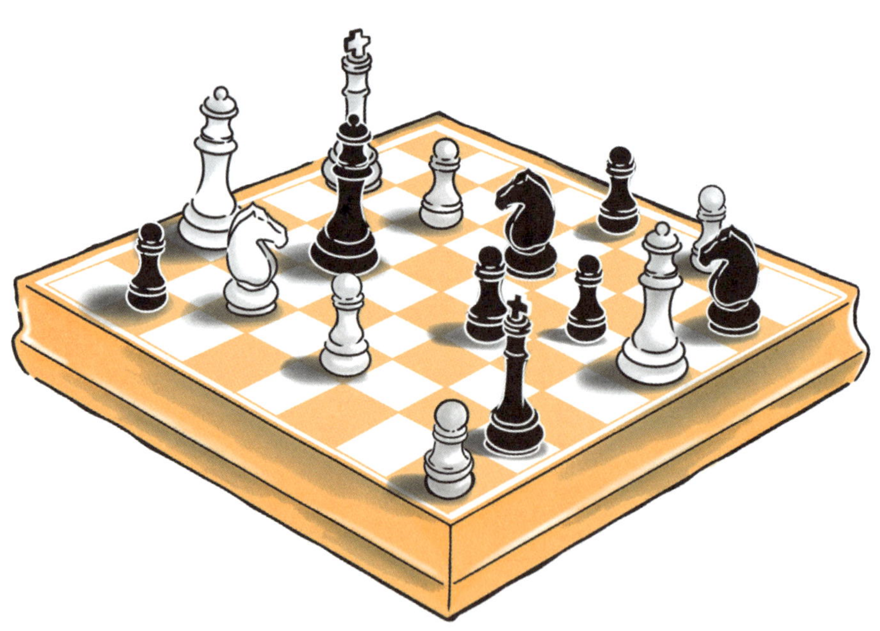

留意經驗的「我」

在日常生活中，我們可以怎樣訓練自己回到這個觀察者的位置呢？結合上一章靜觀覺察的經驗，專注於此時此刻，留意我現在可能有一種感受，例如覺得很迷惘，又或者有一個想法，例如「不知逆境何時才能完結」。在靜觀的空間裏，我們留意這些感受和想法，但不加以批判，也不會跳進這些感受和想法裏。其實我們可以反問，是誰在留意我的感受和想法呢？這個便是「我」了。**既然「我」可以留意自己的感受和想法，那麼「我」便不可能等同於這些感受和想法，我和這想法和感受是分開的。**每次留意到自己有新的感受和想法時，便可進一步感受我和它們是分開的。因此，在各種千變萬化的感受和經驗背後，原是藏着一個不變的「我」，可以一直留意自己的經驗，這就是以己為觀察者的妙處。

不同的我仍是我練習[4]

你如果想有聲音伴讀，可以掃描以下的二維碼：

我們可以先用約十分鐘，回想自己由小到大是怎樣成長的。先閉上眼睛，留意呼吸，想像自己回到嬰兒時期，有什麼經驗浮現於眼前呢？有沒有想起自己某幅嬰兒期的相片呢？當時的樣貌怎樣？然後畫面可以跳到小學階段，回想一個特別深刻的片段，例如畢業旅行。想想身邊有哪些同學，自己的樣貌是怎樣的，有沒有紀念相片？自己當時對老師和其他同學有怎樣的感受，說過一些什麼話？進而跳到畢業後，出來工作的自己，挑選一個值得記念的工作時刻，當時的樣貌是怎樣的？你會怎樣形容自己的性格？與他人說話時是怎樣的語氣？在這工作片段當中，自己的經驗和感受怎樣？是否還記得當時怎樣面對這個經驗和感受呢？

現在，請你回到幾分鐘前，即剛剛開始這個練習時的自己。還記得當時的感覺嗎？懷着怎樣的心情去練習？自己的樣貌和外表是怎樣的？你有什麼感受和想法？然後回到此刻，你有否停留下來，細味這刻的經驗呢？現在綜合此時的你、十分鐘前的你、小學畢業的你和嬰兒時期的你。在每一個經驗片段當中，你是否意識到在不同的人生階段裏，你都活在那個角色裏面，經驗那個階段自己的每一個片段和感覺，直到此時此刻呢？注意是誰在經驗自己的每一個片段，是誰在此刻仍然經驗到你每刻的內心想法和感受呢？沒錯，不可能是他人，一直都是你！雖然從嬰兒時期一直到現在，你的外貌、身形和人生經歷有巨大的變化，但是作為主體的你的感受，仍然是一致的。換句話說，你仍然是你，你亦可以相當肯定，在以後的日子裏，縱使你的身體和經驗繼續變化，但你仍然會是你。

以他人為觀察者

值得一提，我們除了可以視自己為觀察者外，同樣可以視他人為觀察者。當我們覺察自己受着某一特定角色所限制時，可以透過領會自己是觀察者來突破這個限制。同樣地，我們也可以領會他人並不只是某一個特定角色，例如「黑社會」、「壞人」、「新移民」、「沒學識的人」等等。每一個人都和我們一樣，擁有他們的「自己」，都擁有一個超越角色和經驗的自我，是非常珍貴和獨特的。這樣，我們才可以懷着同理心去看待別人，嘗試從他們的角度去思考。同時，我們也較容易突破人與人之間的隔膜和分歧，從而嘗試幫助他人，及與他人合作。現代社會由於存在太多的競爭與衝突，人與人之間的關係趨向疏離和不安，**要是我們可培養以自己為觀察者的心態，並進一步理解他人也是觀察者，便可讓人與人之間擁有共同的心靈空間，互相了解和尊重，減少彼此的矛盾**。有了這個層次的了解，我們更可以體會作為觀察者的自己的重要性，即是要先了解自己，才可以與他人融和。

當運用觀察者的角度去看待自己時，我們能否以同樣的角度看待他人呢？假如每個人都是一個觀察者，換句話說，都是一個主體，這對我們如何對待他人有什麼重要的提示呢？

結語

上文以己為觀察者的解說和練習，幫助我們對自己產生一個超越(transcendent)的體驗。事實上，接納與承諾療法認為，建立觀察者的自己非常重要，可以幫助我們跳出困苦，超越個人的慣性經驗。假如我不是純粹受自己人生不同的經驗所定義，那麼「我」便有了一個新含意：**「我」乃是超越自己的人生經驗而存在的主體。每一次出現新的人生經歷和經驗，我們都可選擇以觀察者的身分去體會和接受。**久而久之，我們的內心會逐漸生出一份了解，就是無論如何，真實的我就如天空或棋盤般，是不會受種種變化多端的人生經驗所框住和局限的。

個案分享

「以前的我，從來沒有想過自己可以是一名觀察者。我以為自己只能忠於自己，做好自己的角色，但許多時候發現一些負面的經驗，違背了自己一直以來的信念，便覺得徬徨、不知所措。特別是過去幾年，世界好像翻天覆地，變得和以往不一樣。透過以己為觀察者的練習，我漸漸發覺我常常受過去的經驗或角色所影響，而真正的我有另一個可能性，就是在各種經驗背後一直觀察的自己，真的令我大開眼界。我又覺得自己好像可以跳到更高的空間去觀察自己，一些令我傷痛或者憤怒的經歷，也不會像以往般困擾着我，因為我有多一個選擇，就是跳高一點去觀察自己的經驗，並且發現這些經驗其實不斷變化，而我就處於這些不斷變化的背景之中。現在看待別人的時候，我也發現自己開始不會限定他們在自己腦海裏的角色。」

參考文獻

1. Berger, K. S.(2008). *The developing person through the life span* (7th ed.). New York: Worth Publishers.

2. Harris, R.(2009). *ACT made simple: An easy-to-read primer on acceptance and commitment therapy* (1st ed.). Oakland: New Harbinger Publications.

3-4. Hayes, S. C., Strosahl, K. D., & Wilson, K. G.(2012). *Acceptance and commitment therapy: An experiential approach to behavior change* (2nd ed.). New York: Guilford Press.

第八章

認定價值，確立方向

一生中，最光輝的一天並非功成名就的那一天，而是從悲歎與絕望中產生對人生的挑戰與勇敢邁向意志的那一天。

福樓拜

人生最終的價值在於覺醒和思考的能力，而不只在乎生存。

亞里士多德

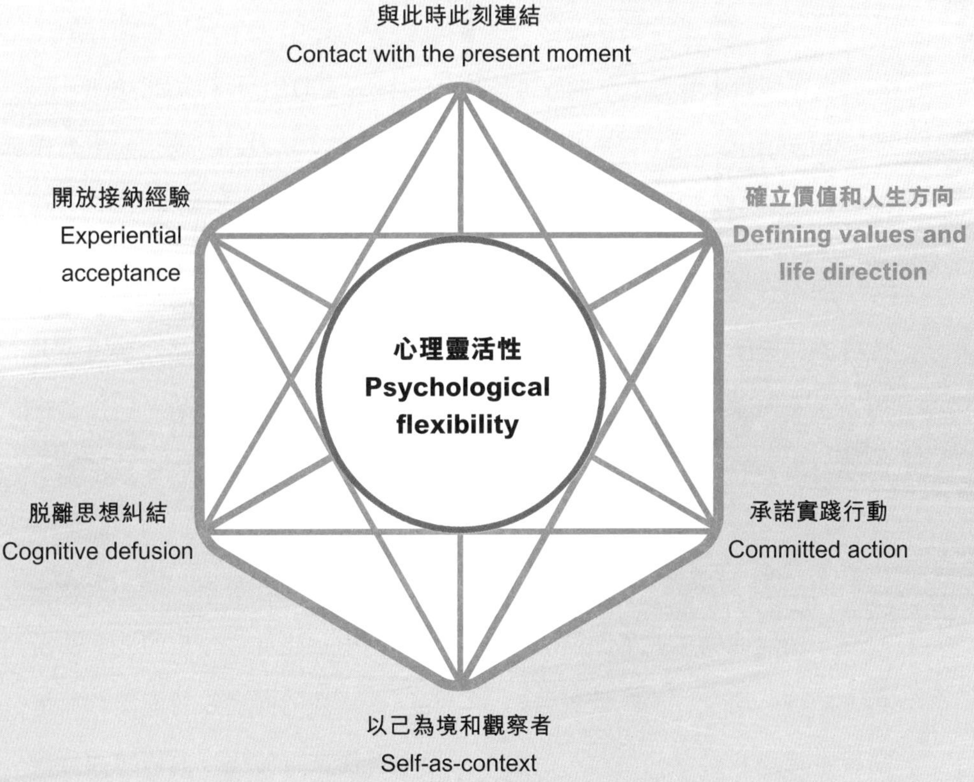

與此時此刻連結
Contact with the present moment

開放接納經驗
Experiential acceptance

確立價值和人生方向
Defining values and life direction

心理靈活性
Psychological flexibility

脫離思想糾結
Cognitive defusion

承諾實踐行動
Committed action

以己為境和觀察者
Self-as-context

這書的主題是建立心理健康和改善心理困擾，理論基礎是被稱為第三波認知行為治療的接納與承諾治療／訓練，其核心內容是心理僵化和心理靈活性。前者是心理困擾和問題的主因，而後者則為心理健康的指標。因此，這書的目的可說是幫助你減少心理僵化和增加心理靈活性。從接納與承諾療法的角度來看，心理靈活性不單是心理健康的指標，更是一個圓滿、豐盛而具意義的人生基石。可以說，ACT 最終所關注的是你於現在和將來能否過一個充實、圓滿和有意義的生活（a full, rich and meaningful life）。這樣看來，ACT 的創立人 Steven Hayes 將他一本著作的書名定為 *Get Out of Your Mind and Into Your Life*，絕非偶然。

的而且確，接納與承諾療法認為，你的生活過得如何，是否豐盛而有意義，遠比你有多少正面和負面情緒來得重要。**ACT 倡議我們追求一個以意義為本，而非情緒主導的生活，乃是經過深思熟慮的。**前幾章已清楚指出，心理健康並非只有快樂而沒有痛苦，人生的喜與悲是常態，無法逃避。故此，經歷負面情緒並非問題，如何看待和面對才是關鍵所在。ACT 所鼓勵的心理靈活性，就是能夠開放地迎向真實經驗，與此時此刻緊密地連結，並不糾結於負面的思想之中，能從「覺察的我」的視角去靜觀一切。以上四項做法都屬於心理靈活性的向度，對處理負面情緒非常重要和奏效。然而，這仍未足夠，**當你被困於痛苦的情緒和被糾結的思想纏繞時，需要清楚自己的價值觀和對人生的承諾，作為在紛亂中安定內心的錨，並抉擇和行動的指引。**因此，心理靈活性的首四個向度必須配合第五和第六的向度——確立價值和承諾行動，才能助你脫離困苦情緒，積極地過一個豐盛而有意義的人生。在這章我們會和你探討價值指引的生活，而在第九章則會討論承諾行動。

從人文心理學說起

為什麼心理靈活性和心理健康必須涉及價值和意義呢？單單探討情緒問題或情緒健康不就可以嗎？要明白這點，讓我們先從人文心理學（Humanistic psychology）和正向心理學說起。人文心理學大師亞伯拉罕．馬斯洛（Abraham Maslow）的需求層次理論廣為人知。[1] 他指出人的行為大多是受內在需要所推動，當低層的需要基本上獲得滿足後，才會追求高層次需要的滿足。人的需求階梯共有五級，包括：(1) 生理需要；(2) 安全需要；(3) 社會（愛與歸屬）需要；(4) 尊嚴需要；(5) 自我實現需要（達致高峰體驗）。

最後三種需要直接關乎人生的意義、價值和目標，愛與歸屬是人內心必然的渴求，尊嚴需要是對成就或自我價值的個人感覺，以及他人對自己的認可與尊重；而自我實現需要則指能夠發揮潛能，成為心目中理想的自己。馬斯洛認為，當人滿足了生理和安全需要之後，一定會渴望追求滿足高層次需要，這是必然的心理定律。雖然這理論有時被批評為過於簡化人的心理狀況，但仍為我們的行為動機和內在需要提供了重要的藍圖。

再談正向心理學

至於正向心理學對生活的意義和價值亦提出了不少的洞見。正向心理學之父馬丁．沙利文提出幸福感理論（PERMA），當中的五個核心元素就包含了Meaning（M），即生命的意義，意思是我們若要快樂和幸福，就必須認定生活是有意義和價值的。[2] 這些價值和意義通常是超越自我的，例如有益於他人的活動（利他主義），或對真善美的追求等。另外，沙利文亦指出，達到美好人生有三種途徑，即愉悅的人生、投入的人生和有意義的人生，而透過意義去達致美好的人生是最為圓滿的途徑。[3]

的而且確，不少研究都顯示，感到生活充滿意義和有明確目標的人，心理健康指數較高，心理問題如抑鬱、焦慮等也較少[4,5]。事實上，歷代的哲學和宗教傳統都幾乎一致地認同，**人的存活不單是為了生存（survival），更是為了生活（living）；而要活得好（live well），就必須要活得有目標、價值和意義**，因人有思想和語言能力，能反思自身的存在意義，這亦是人之作為人最獨特之處。

你有多認同若要活得好就必須要活出有意義和價值的生活？你覺得這是你的內在高層次需要嗎？

價值與情緒

作為一套心理治療理論，接納與承諾療法對人生的見解，有很多地方可說是與人文心理學和正向心理學的論述不謀而合。在眾多的心理治療派別中，ACT 是少有會凸顯人生價值和意義的重要性，並視之為有效處理情緒問題的必備條件。

你可能仍感到疑惑，何解意義和價值與情緒竟有如此密切的關係？原因很簡單，**在面對負面情緒時，若我們不清楚自己內心的需要和價值觀，便容易被情緒左右，做出錯誤的決定或衝動的行為**。例如，在恐懼的情緒影響下逃避一些應該面對的事情，或因一時的怒氣而做出傷害他人的行為。若要適當地應對情緒，就須先靜觀覺察，然後了解自己所重視的是什麼，才可做出明智的選擇和決定。就如在上文的例子裏，若我們既能接受自己內心的恐懼，同時清楚自己為何應該面對而非逃避，便能按價值觀而非衝動行事；又或，當我們接納內心憤怒的同時，能持守如何待人的原則，那就不會衝動地做出令自己後悔的事情。因此，在情緒處理的問題上，清楚和持守自己的價值觀非常重要，不容忽視。

價值的作用

由始至終，接納與承諾療法希望幫助你的，不單是處理情緒的問題，更是如何能活得滿足、快樂和豐盛，而秘訣就在於一方面靜觀接納自己所經歷的，而另一方面則追求價值指引的生活，因只有清楚知道自己所關注和重視的是什麼，並按此而活，才可讓生命變得精彩和有意義。

ACT的理論認為，**價值就是你所重視的行為和生活特質**，如人生的指南針一般，能為你確立人生的方向，指引你如何與自己、他人和這個世界互動，包括應該過一個怎樣的人生，和成為一個怎樣的人[6]。因此，**價值能為生活提供熱情和動力，亦能在困苦或逆境中，成為定海神針**，就如小船在港口遇上風暴時拋下的錨一樣，發揮穩定的作用。

每當遇到困難和挑戰時，你可善用內在價值作為指引。當你想選取某個行動時，問一問自己，**這個行動會令我更接近還是遠離自己的價值觀或人生目標？**我的行為純粹為了改變自己的心情，叫自己不這樣難受，還是實踐自己所重視或在乎的價值和意義呢？這是一個很有效的自我審查準則，可為你釐清自己的行為動機和後果。

的而且確，**只有當生活行為是由自己選取的內在價值所推動時，我們才會擁有最大的活力和動力，來追尋美好豐盛的人生**。即使沒有任何報酬，真正的價值會令你願意付出努力，因為你的行為並非為了金錢或物質的回報，也不是為了別人的讚賞。你喜歡這樣做，只因這行為會為你帶來內心真正的滿足和喜悅 。

舉個例來說，你在節日時招待家人來家中聚會。為了招待家人，你要先將家裏打掃乾淨，又要準備豐富的食物，忙得整個人累透。但你清楚自己的動機和價值，如此付出是為了你對家人的愛護，希望他們享受一個愉快的聚會，而非只為盡責而做。你在招待家人這件事上活出了內心的價值，這一定比只為責任而做更有意義和滿足感。

然而，現實中我們的行事為人，很多時都並非與自己的價值觀緊緊相連，反而會受各樣習慣或規條所驅使。社教化的過程驅使我們的生活方式往往跟從主流文化的模式，但很少會認真尋索什麼才是內心真正的渴求和所重視的東西，並以此作為行動的指引。而且，當個人的價值取向與主流文化或身邊人的價值觀有所差異時，我們會承受一定程度的壓力，然後依從外在的標準，而非內心的信念，令我們失去真正的滿足和快樂。

最現實的例子是許多人清楚知道自己喜愛做什麼的工作，卻因為這些工作不能賺錢，寧願選擇一些很能賺錢，但並非自己喜歡的工種，認為這才符合社會的普遍期望和對成功的定義。追隨自己內心而非外來的聲音，並不容易，卻是正確的選擇。

價值導引的人生

接納與承諾療法對何謂美好人生的確有獨到的堅持，認為心理靈活性是不可或缺的條件，重點是接納內在經驗，不受其控制，同時認定對自己最重要和有價值的事情，並以此作為生活和行動的指引。為何 ACT 如此堅持以價值為本呢？當你發現什麼最能觸動你內心，最為你所渴求和重視的，並以此來確立目標和付諸行動，作為生活中的指引時，長遠來說你最有可能尋到一種滿足與快樂的途徑。活出心中的渴望和做重視的事情，就能帶來內在的滿足。當然，在實踐過程中難免會遇到阻礙和挑戰，你需要堅持和不放棄，這的確不易，下一章我們會為你深入探討如何實踐承諾，活出價值。

以上的論點是正向心理學所支持的。[7] 快樂可以透過三種途徑獲得，第一是享樂，雖然較容易但不持久，也缺乏深度的滿足；第二是達成目標而來的滿足，這看似不錯，如事業有成、子女成才等等，的確令人羨慕，但仍有所不足，一旦目標未能達成你就會不快樂；即使目標達成，過後也可能會感到空虛，質疑接着又如何呢！所以，要獲得持久真正的快樂，最好還是透過第三種途徑，**即活出以意義和價值為指引的生活，積極和自覺地去做你認為重要的事情，這樣才最有可能獲得較持久的快樂和滿足**。因此，ACT 鼓勵你追求較高層次的滿足，作為你的人生方向，才是充實而美滿人生的保證。

價值不同於目標

內在價值是指我們內心真正在乎和看重的事物。然而，價值不等同於目標。目標可以達成或受挫，但價值就像指南針一樣，永遠為我們提供前進的方向，並沒有成與敗之分。而且，良好的目標應是以內在價值為依歸，即目標的設定是以價值為本的。若我們本末倒置，過於着重目標的追求，太過計算成敗得失，而忽略了背後價值的意義，就會給自己過多不必要的壓力，心情也容易受成敗所影響。

由於價值是較長久和廣泛的事情，即使環境改變，目標需要因應現實而調整，但我們仍可擁抱同樣的價值觀。例如，你自幼很喜愛藝術，很想做一個藝術表演者，追求這方面的興趣。可惜，你的資質有限，無論怎樣努力，也不見得成功，那你是否就要放棄這方面的信念和愛好呢？不一定！你可以調整目標，例如學做一位藝術欣賞者，甚至評論家，或與同道中人分享藝術的心得等。這樣，你仍可追求自己所喜愛或重視的，只是形式不同而已。因此，價值可說是指引我們人生方向的最佳拍檔。

確認價值觀練習

若然價值觀在人生中如此重要，我們當如何尋找和確立自己的價值觀呢？在這方面接納與承諾療法為我們提供不少好建議，你不妨嘗試以下練習來幫助自己發掘人生的價值和意義。

生活的價值

這個練習參考了一份 ACT 常用的問卷，名叫 The Valued Living Questionnaire [8]，內容大致是這樣的：先將自己的生活劃分為十個重要的範疇，包括（1）家庭；（2）婚姻／伴侶／親密關係；（3）親子關係；（4）友誼；（5）工作；（6）教育；（7）康樂；（8）靈性；（9）社區；（10）身體健康。為每個範疇打分，0 分代表毫不重要，10 分代表極為重要。然後，在每個範疇中，寫下你最重視的是什麼，特別是你的行動特質（quality of action），例如你在友誼中最重視真誠的分享，在康樂中最重視盡情投入，在親子關係中最重視付出和愛等等。最後，你反思過去一個星期，你的實際生活有多符合自己對每個範疇的重視程度，請為每一個範疇再次打分，0 分代表實際生活完全不符合你自稱的重視程度，10 分則代表實際生活完全符合你對該範疇的重視。

現在，你可以檢視在這個練習中的發現，哪些生活範疇是你最重視的呢？這能反映你的需要和價值觀嗎？過去什麼經驗令你如此重視這些範疇呢？這些發現能否幫助你更清楚自己的人生方向和意義？

另外，請回顧你在每個範疇中寫下所重視的事物，它們有什麼共通點？例如它們都是與人際相處有關的，或都是與發揮自我潛能和優點有關的。這些你所重視的事物都可成為你生活的目標和動力，值得深入地去探索。

最後，請檢視在實際生活中，那些你認為重要的生活範疇，有否反映你的重視程度（第二個打分結果）呢？例如，你認為親子關係對你非常重要，但過去一星期在這方面卻只花了少量時間和精力，這個表裏不一的現象反映出什麼呢？是否你的實際行動並不符合內心的渴望和重視呢？當中的問題在哪裏？你要如何改善這種情況？

美好回憶[9]

請回想過去一件美好的事情。你曾有過極甜蜜或深刻的經驗，為你留下難忘的印象，絕非日常生活中普通的好事這樣簡單。請用一些時間讓自己回憶當時的情景：你在哪裏？在做些什麼？與什麼人一起？就像在錄像中重看一次。然後，用心去感受當時自己有何感覺和想法，身體有何反應，內心深處有何感受。回憶過後，請回答以下的問題：

- 為什麼這經歷令你產生如此深刻的回憶呢？
- 在這經歷中你做了什麼美好的事情？你的行為特質（如仁慈、勇敢等）是什麼？
- 這個經歷反映出你是個怎樣的人？有什麼美德和優點？
- 這經歷告訴你，什麼是你所重視的？可有反映出什麼的價值取向？

以上問題的答案有助你找出自己的價值觀和個性特質，為你提供可能的人生方向和目標，也就是你最重視和關注的事情。

當你八十歲時（核心價值練習）[10]

如果你想有聲音伴讀，可以掃描以下的二維碼：

請想像一下，轉眼間你已是位八十歲的老人，垂垂老矣。當你回望自己的一生時，感到無限的欣慰和感恩，覺得這一生真的沒有白過。你已很努力地完成自己的人生目標，活出最好的自己。試將這一切看成是真的，然後回答以下問題：在這一生中，你最感到自豪的是什麼？你最大的滿足來自什麼？你覺得自己做了什麼最有價值的事情？你最希望別人懷念你的是什麼？同樣，以上問題的答案可讓你知道，在你的人生中到底什麼是你最重視和感到最有價值和意義的事情。

這個練習的另一個版本是這樣的：假如你維持現在的生活和行為模式不變直到八十歲，當你八十歲回望此生時，你可會有以下的感受：

- 我希望自己沒有花太多時間在：

- 我希望自己不曾為這些事情有太多的憂慮：

- 如果可以讓自己重頭再來一次，我一定會選擇多做這些事情，或花更多時間在這些事情上：

希望你做過這個練習後，開始改變自己的生活模式，多按內心的價值而活，以致年老時不會產生以上的遺憾。

錢幣的兩面[11]

若想了解什麼是自己最重視的價值和意義，這個練習可為你提供非常深刻的反思，亦可能會讓你感到一絲痛苦，你願意嘗試嗎？首先，請你回憶一個痛苦的經歷，可以是許久以前或最近發生的，請選一件中度而非極度痛苦的事情，以免在這練習中引起太多的情緒困擾。

回想這件事發生時，你有何感受和想法，身體有何反應，引起痛苦的原因是什麼？令你痛苦的通常都是你着緊和看重的事情，否則不會叫你那麼痛苦。現在，試想像你的痛苦是錢幣的一面，錢幣的另一面則代表令你痛苦的原因，即你看重的價值。舉個例來說，假如你在親密關係中感到被背叛和受到傷害，這是錢幣的一面，而另一面是你對關係的執著、認真和渴望，所以被背叛時，才會這樣痛苦；又假如你因至親離世而感到極度哀傷，這是因為你深愛着對方，才會有這種傷痛的感覺。若然你有方法能夠完全忘記這個人（假設有一種新發明的「失憶藥」），你願意這樣做來除掉你的傷痛嗎？如果你真的愛對方的話，相信你一定不會這樣做，因這代表你會同時失去與這個人美好的回憶，並你和他（她）一起擁有的深刻經歷，就像你放棄錢幣的一面時，同時放棄它的另一面。

因此，錢幣兩面的比喻，正好闡明人生許多痛苦的經歷，都有其特殊的意義和價值，乃源於我們所重視的事情，是不可缺少或避免的，否則就連人生中美好的事物也會一併消失，那麼人生就真的沒有意義了。所以，痛苦許多時並非沒有價值的，可以是人生寶貴的經驗，而我們可以從這些經驗中提煉出更美好的元素，滋潤和豐富我們的人生。無論如何，人生的喜與悲，就像火車的路軌一樣，必須平衡地延伸下去，缺一不可，也許這才是最真實的人生吧！

出席自己的追思會 (12)

這個練習需要你運用想像力。假如有一天你因病離世，親友為你舉行追思會，而你的靈魂（姑且假設人死後仍有靈魂）可以出席自己的追思會，你希望別人怎樣總結你的一生呢？你希望給人留下怎樣的印象？你最希望親友怎樣懷念你呢？最想他們對你有何評價？他們對你最深刻的印象是什麼？最回味的是哪些和你一起經歷的片段？他們認為你最獨特的地方是什麼？有什麼值得他們感到驕傲的呢？他們覺得你對人的態度有什麼優點？

上述問題的答案很可能就是你一生渴望和追求的價值和目標，是你最渴望能夠成為的自己。

價值卡分類法

這個練習能夠透過一個篩選過程，助你釐清自己所擁抱的核心價值。請你把下一頁的核心價值清單上的項目分成「重要」和「不重要」兩類，將「不重要」的項目劃掉。然後在重要的價值項目當中，再細分為「少許重要」、「重要」和「非常重要」三類。你可以將「非常重要」的價值項目圈出來，代表你最重視的價值，最好不要多於七項。

核心價值清單（Core values list）[13]

成就 Achievement	歷險 Adventure	無私 Altruism	真誠 Authenticity	權威 Authority
自主 Autonomy	平衡 Balance	美感 Beauty	關懷 Caring	挑戰 Challenge
安逸 Comfort	承諾 Commitment	慈心 Compassion	聯繫 Connection	貢獻 Contribution
勇氣 Courage	創意 Creativity	好奇心 Curiosity	可靠 Dependability	勤勉 Diligence
自律 Discipline	同理心 Empathy	興奮 Excitement	公道 Fairness	信仰 Faith
靈活性 Flexibility	寬恕 Forgiveness	自由 Freedom	慷慨 Generosity	感恩 Gratitude
成長 Growth	和諧 Harmony	健康 Health	謙遜 Humility	幽默 Humour
正直 Integrity	親密 Intimacy	公義 Justice	仁慈 Kindness	知識 Knowledge
領導 Leadership	愛 Love	忠心 Loyalty	中庸之道 Moderation	坦率 Openness
條理 Order	耐心 Patience	堅毅 Perseverance	快感 Pleasure	目的 Purpose
理性 Rationality	抗逆能力 Resilience	尊重 Respect	責任 Responsibility	安全 Safety
接受自我 Self-acceptance	服務 Service	簡樸 Simplicity	靈性 Spirituality	穩定 Stability
信任 Trust	活力 Vitality	財富 Wealth	智慧 Wisdom	

完成這個練習後，你可有發現哪幾種價值取向是你最重視的呢？在你所揀選的核心價值當中，可嘗試將它們再分成三類：自我特質（valuing yourself）、關係性特質（values in relationships）和社會性特質（values in the wider world）。這些核心價值往往能反映出你過去的人生經驗和性格特質，是你珍貴的部分。完成這練習後，你可反思是否需要重新調整自己的人生方向，或在現實生活中如何實踐這些核心價值。

上文的各項練習，哪一個最能觸動你的內心？哪一個最能幫助你反思自己的人生意義和價值呢？為什麼？你還想到其他有效和有趣的方法嗎？

結語

接納與承諾療法鼓勵我們委身一個以價值為指引的生活，絕非偶然，就如人文心理學和正向心理學所倡議的一樣，人內心終極的滿足來自追求和實踐自己最重視、認為最有意義和價值的事情。價值像指南針般可導引你人生的旅程，讓你走在正確的方向上，也能讓你發揮潛能，表裏一致地活出真我。當你如此行的時候，自然會更有能力去應對內心不時出現的各種負面情緒和思想，不易被它們牽引，因你已擁有更遠大的方向和目標，成為你生活向前的動力！

個案分享

「我以前是個對生活沒有明確方向和目標的人，不清楚自己的價值觀；生活得很被動，有時甚至是糊裏糊塗的。我從來都沒有深刻地反思到底什麼是對自己最重要的，容易被環境和別人影響，可說是隨波逐流。這種生活形態令我很易被情緒的波動影響，很多時會做出情緒化的行為而事後感到後悔，例如因害怕而逃避，結果失去本來可以得到的東西，如愛情和事業等。當我學習了 ACT 的價值為本的生活取態之後，經常會提醒自己我的行動背後的價值，什麼是自己所重視和擁抱的。若我經常能按自己的內在價值而行，我的感覺會是怎樣的？滿足？自豪？而當我的行為違背了自己的內在價值，我又會有何感覺呢？當我不斷提醒自己，價值和意義對人生的重要時，彷彿找回生活中向前的動力，也變得更為積極，情緒的波動不再像以往般左右我的選擇和行動，我能更自由地跟從內心的價值而活。」

參考文獻

1. Maslow, A. H.(1943). A theory of human motivation. *Psychological Review, 50* (4), 370.

2. Seligman, M. E. P.(2013). *Flourish: A visionary new understanding of happiness and well-being*. London: Simon & Schuster.

3. Seligman, M. E. P.(2004). *Authentic happiness: Using the new positive psychology to realize your potential for lasting fulfillment*. London: Simon & Schuster Ltd.

4. Vehling, S., Lehmann, C., Oechsle, K., Bokemeyer, C., Krüll, A., Koch, U., & Mehnert, A.(2011). Global meaning and meaning-related life attitudes: Exploring their role in predicting depression, anxiety, and demoralization in cancer patients. *Supportive Care in Cancer, 19* (4), 513-520.

5. Sheldon, K. M., & Krieger, L. S.(2014). Walking the talk: Value importance, value enactment, and well-being. *Motivation and Emotion, 38* (5), 609-619.

6. LeJeune, J., & Luoma, J. B.(2020). *Values in therapy: A clinician's guide to helping clients explore values, increase psychological flexibility, and live a more meaningful life*. Oakland: New Harbinger Publications.

7. Seligman, M. E. P.(2004). *Authentic happiness: Using the new positive psychology to realize your potential for lasting fulfillment*. London: Simon & Schuster Ltd.

8. Wilson, K. G,, Sandoz, E. K., Kitchens, J., & Roberts M.(2010). The Valued living questionnaire: Defining and measuring valued action within a behavioral framework. *The Psychological Record, 60* (2), 249-272.

9-12. LeJeune, J., & Luoma, J. B.(2020). *Values in therapy: A clinician's guide to helping clients explore values, increase psychological flexibility, and live a more meaningful life*. Oakland: New Harbinger Publications.

13. The Association for Contextual Behavioural Science, Hong Kong Chapter (2022). Values card sort.
https://contextualscience.org/hong_kong
https://www.facebook.com/Association-for-Contextual-Behavioural-Science-Hong-Kong-Chapter-101233421526248/

第九章　承諾委身，實踐行動

千里之行，始於足下。

老子

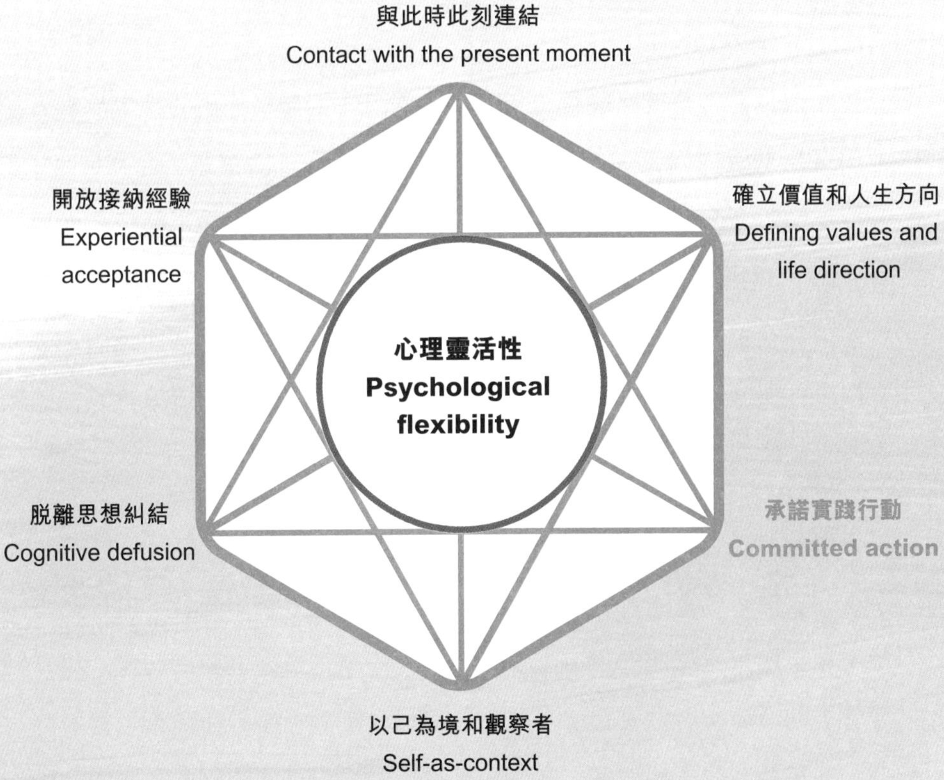

與此時此刻連結
Contact with the present moment

開放接納經驗
Experiential acceptance

確立價值和人生方向
Defining values and life direction

心理靈活性
Psychological flexibility

脫離思想糾結
Cognitive defusion

承諾實踐行動
Committed action

以己為境和觀察者
Self-as-context

在上一章，我們探討了價值觀和人生目標的重要性。價值觀就如指南針般，指引我們人生應走的方向。那麼，到了本章〈承諾委身，實踐行動〉── 心理靈活性最後的一個向度，我們會和你探討如何以實踐行動去回應我們的價值觀，好讓我們能切實地活出一個精彩和豐盛的人生。

行動的力量

相信你在書籍或互聯網上一定看過不同人士分享他們的人生故事。他們可能是機構或大企業的領袖，為企業或機構排除萬難，起死回生；又或者是生命鬥士，縱使天生殘缺或患上長期病，甚至是絕症，依然勇往直前，毫無畏懼，身體上的殘缺或心靈上的痛苦，似乎都難不倒他們。他們在短暫的時空裏所做的事情，相信我們一生也未必能做到，實在叫人欽佩。究竟是什麼賦予這些人如此的決心和毅力，能用實際行動去為自己的人生發聲呢？

細看歷史上一些名人的行動，也許可以讓我們獲得啟發。在第二次世界大戰時，英國首相邱吉爾縱然面對軸心國嚴重的威脅，但仍英勇地帶領英國抗禦德國的侵略。德國著名作曲家貝多芬失聰的時候，譜寫了著名的命運交響曲，彷彿無視命運對他的嘲弄。還有荷蘭著名畫家梵高，他最著名的一些作品，都是在精神錯亂後繪畫的。這些名人的行動都在説明，他們最有力的舉動都不受當時遇到的困難或障礙所影響，反而能夠從心出發，回應內心最重要的呼喚。接納與承諾療法會視他們這些舉動為「承諾行動」(committed action)，標誌着內心的重要價值和方向。

你曾經受過什麼名人或社會人士的啟發？你又曾幾何時自我承諾過？自己的行動能夠反映出自己的人生價值嗎？

靜觀練習：我的承諾行動

現在讓我們用一個練習來明白承諾行動的重要。請先閉上眼睛，回想過去一次你認為很重要的行動，例如為家庭做了重要的決定、在工作或事業上付出巨大的努力，又或是為個人的發展做了重要的嘗試。在那個情境裏，你心中是怎樣想的呢？內心有什麼感受？當中又有什麼困難和掙扎？現在回想起來，你仍然想堅定不移的朝着那個方向前進，還是有不同的做法呢？

在回想的過程中，你會否更了解當時行動的特質是什麼呢？你覺得自己是為勢所迫而作出行動，例如幫助家庭、救亡公司或避開重大的危機，還是清楚知道行動是基於個人的價值觀呢？換言之，你會否一直認為自己所做的事情是重要的呢？無論環境如何困迫，即或要再選擇一次，你仍然會選擇同樣的行動。

面對挑戰的行動方程式

接納與承諾治療師羅斯．哈里斯醫生提出，在任何困難的情況下，我們都可以有以下三個選項：[1]

- **選項一：**離開困境；
- **選項二：**堅持跟隨自己的價值生活，容許自己接受不能驅走的痛苦；
- **選項三：**抱放棄的態度，做些沒有用，令事情更差，甚至令自己更痛苦的事情。

在以往的經歷中，當你面對非常困難或具挑戰性的情境時，多數傾向哪一種選擇呢？當然有些情境容許你做第一種選擇，例如重新選擇伴侶、選擇新的工作或移居他方等等。但是在更多的情況下，你可能只有選項二或選項三，那麼，你會選擇哪一個呢？

坦白說，在很多的情況下，我們都會傾向選項三，為什麼呢？正如本書第三章所言，很多人都傾向選擇暫時離開痛苦，即使長遠後果可能適得其反。所以，選項三似乎在困難時刻成了最容易的選擇，不是嗎？如果面對家庭強烈的衝突，例如配偶和孩子都很難相處，你會否傾向減少和他們溝通，又或者是減少在家的時間，甚至選取一些方法，例如吸煙、喝酒等，暫時麻醉自己，避開痛苦？這就是我們所指的選項三了。

可是，如果你為了長遠的利益而採取選項二的話，又應怎樣去面對困難呢？縱然帶着負面的想法或情緒，你仍然堅持去做一些認為是對或重要的事，例如嘗試與家人溝通，了解他們的困難或需要，又或者放開自己對他們的成見。請讓我給你鼓掌，這是很不容易做到的，但你卻做到了。請回想一下，在那些情境中，你是否堅持去做一些認為重要及回應你人生價值的事情，例如要和家人和睦相處，保持良好關係；又或者要對自己負責，保持身心健康？換句話說，你的選擇和行動都是建基於你的重要人生價值。

接納與承諾療法的觀點認為，你作的選擇往往反映你的行動基礎。換句話說，你選擇的行動到底是回應你的個人價值，還是純粹為了控制或逃避遭遇的痛苦或困難呢？就如前面所言，不少人在面對挑戰時都會選擇控制或逃避痛苦，例如避開與家庭成員或工作夥伴的衝突，甚至不再溝通。但是，這些日積月累的行動只會叫我們偏離自己重要的人生方向，令我們迷失，最終失去平安和喜樂。

在過往遇到的人生困難中，你通常是揀選項二抑或選項三呢？你認為選項二或選項三，哪個更能回應你的人生價值呢？

選擇點練習

面對人生的交叉點，我們經常都要作出抉擇，但要憑什麼去做決定呢？接納與承諾療法中有一個名叫「選擇點」的理論（Choice point theory）[(2)]，可以幫助你作出明智而又符合個人價值的選擇。以下練習可以讓你體驗一下這個選擇點理論的重要性。

先讓自己好好的回到此時此刻，留意自己的呼吸，然後回想最近遇到一個難以抉擇的情境，特別是不清楚自己應有的行動方向，例如應否轉換工作。想像眼前是一條分岔路，左邊朝着逃避痛苦或困難的方向，右邊則是朝着你認為與你的人生價值相符的方向。

請你繼續站在這個選擇點上，在腦海中演習自己是否傾向選擇向左的分岔路，暫時脫離困擾，不用再想這個難題？就這個例子而言，你繼續留在現時的工作崗位，感覺安全一點。請你在腦海中繼續演習，假如選擇向右的分岔路，即向着重要的人生價值前進，那你便要檢視自己為什麼想轉換新的工作，是否有更適合自己現時的人生方向，例如覺得更有意義，或更可以服務別人。請留意自己內心的感受，會否覺得這個選擇比較困難，因為你將要踏進一個不熟悉的場景，而未來許多的變化都不是自己可以預料得到的。請回到此時此刻，留意自己的呼吸，在心中繼續感受，究竟向左還是向右的選擇對自己更為重要和合適？如果選擇邁向人生價值的話，自己又能否做好預備迎接可能出現的困難或痛苦呢？

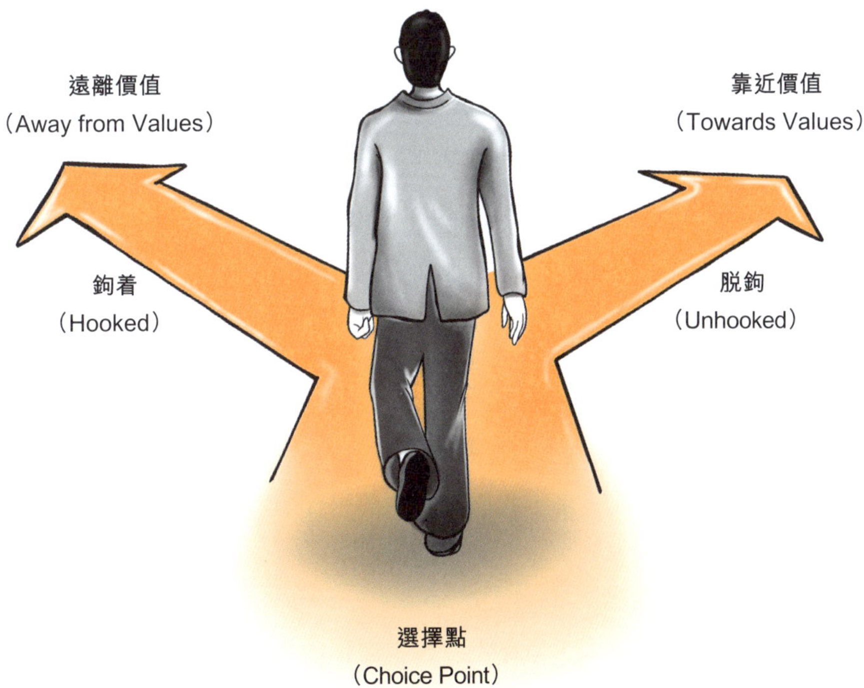
遠離價值
（Away from Values）
靠近價值
（Towards Values）
鉤着
（Hooked）
脱鉤
（Unhooked）
選擇點
（Choice Point）

在這個「選擇點」練習裏，你可能會發現作出選擇真不容易，但這正正可以幫助我們釐清行動方向，到底是朝向逃避痛苦，還是承諾的行動。假如我們能坦誠地回到選擇點上，考慮自己應朝着哪個方向走，問自己是否願意排除萬難，朝着承諾行動的方向前行。這樣的話，相信你的內心終必會作出正確的選擇，向着自己的價值目標前進。

人生如障礙賽

你可曾在電視上看過跨欄比賽呢？有否留意選手是怎樣跨過一個又一個的欄，最終邁向終點的呢？你的腦海可能會浮現某些畫面，例如某次選手沒能跨過最後一個欄，結果輸掉比賽。但我們可以換一個角度來看，將每一個欄視為一個里程碑，我們每跨越一個欄，便是達到某個里程碑，就像我們朝着重要的人生價值方向前進一樣。在之前的章節裏，我們都已經提過，人生最重要的不是輸或贏，而是能否朝着自己認為重要的方向邁進。如此看來，我們在人生的過程中跨越的每一個障礙，都會帶有標誌性的意義。

現在請回到你的人生道路上，檢視在你的人生方向前有哪些欄架，嘗試辨認它們。它們可能是很難忍受的傷痛經驗，或是思想常常停留在過去的憂傷或未來的憂慮之中，不能回到此時此刻；或是活在狹隘和死板的自我角色之中，不能抽身去嘗試其他角色。**無論你眼前有多少個欄架，請把它們視為人生障礙賽中必經的過程，你必須跨越它們才能向前邁進**。如果因着這些障礙而停留原地，你便永遠無法真正過你想過的人生了。

過去的我在人生的障礙賽前，通常是設法跨越障礙，還是原地踏步，不再前進？

訂立目標，邁出步伐

在選擇點作出決定之後，我們可能還需要一些時間去轉換方向，朝着自己真正的人生價值前行。讓我們看看以下例子：我現在的人生價值是要健康，而目標之一是戒煙。假設我已經選擇了不再逃避因戒煙而產生的痛苦或適應過程，承諾自己要從逃避轉向朝着價值的方向，那麼第一步是什麼呢？「千里之行，始於足下」，這句名言可提醒我們，戒煙的第一步就在自己的腳下，即我應先採取什麼的一小步，以致帶來一連串行動，令我最終成功戒煙的呢？第一步是訂立目標，縮減每日的吸煙數量。

以下兩個練習可以幫助我們在承諾行動之中，訂立確切有效的目標，向前邁進。

SMART 目標工作表 (3)

Specific 特定目標：

寫下自己特定的目標，寫得愈特定和愈詳盡愈好。

例子：在一個月內戒煙。

Measurable 可量度的目標：

我怎樣達到我的目標呢？我如何知道已經達標？

例子：記下每天吸煙的數量，一個月內便知道自己是否達標。

Attainable 可達到的目標：

這個目標是否可行？你有沒有資源及技術去完成這個目標？你知不知道如何找出這些資源、技術或幫助呢？

例子：你會否尋找其他人協助你去戒煙，又或者參加一些戒煙計劃？

Relevant 相關的目標：

這目標是否和我的人生價值有所連繫？它是否對我重要呢？完成目標後，我是否更貼近我想過的生活呢？

例子：戒煙對我的健康非常重要，完成戒煙後。我可以更健康，更有精神做自己想做的事情。

Time bound 有時限的目標：

訂立一個完成的日子，問自己是否能如期達到這個目標？完成這目標後，下一個目標又是什麼？

例子： 一個月內戒煙，完成後的下一個目標便是定期做運動，進一步操練身體。

請你找一個個人的例子，運用以上 SMART 的步驟來完成計劃。

STEPS 工作表 [4]

在這個工作表中，我們可進一步運用接納與承諾療法的步驟，讓我們人生中的承諾行動更有計劃。

我的人生價值是：

Specific **特定行動：**設下你的行動目標，愈特定及詳盡愈好。為了達到目標，我有什麼特定的步驟式行動？

Tracking **追蹤行動：**如何達到我的目標？如何知道目標已經達到？

End date **完成日期：**訂立完成的日期，看看自己能否如期達到目標？下一個目標又是什麼？

Possible **可行的行動：**此目標是否可行？我是否有足夠的技能及資源去完成？我應該找誰去幫忙呢？

Setbacks **應付挫折：**我能否看到任何外在或內在可能的障礙，使我無法達標呢？如何去預防或克服這些挫折呢？

請你找一個個人例子，依據 STEPS 的五個步驟開始行動。

選擇點價值行動練習[5]

在臨牀工作中，我們遇過不少個案，他們雖然非常不滿自己的現況，也對生活有所憧憬和期盼，甚至曾經嘗試努力追求目標，可是經不起挫折和考驗，很快便放棄，結果只有回到起步點，原地踏步，生活自然也無法有所突破。究其原因，他們從來都沒有足夠的決心和具體的計劃，也沒有將目標與內在價值緊密地相連，那又怎可能成功地達到目標呢？

以下這個練習可以幫助你在困難中作出抉擇，實踐符合價值觀的實際行動。只要不斷操練，你就可以為自己培養敏銳的覺察，並有效的選擇和行動。

第一步：回想困擾情況

請你回想一件最近令你頗受困擾的事件，可以是受情緒主導的情況，或一些想逃避痛苦的行為。

第二步：辨別價值行動

你的困擾情況與什麼個人價值有關？你希望在這情況中呈現哪種內心價值？有什麼行動能反映你的價值？細想你會如何做出或說出這個價值行動。仔細想像你可能用的聲線和身體語言。

第三步：想像行動實況

想像如何作出該價值行動，並在腦海預演幾次，直到你清楚整個價值行動的過程和細節。

第四步：靜觀接納

現在，你可以回想那個挑動你情緒的情境，愈清晰愈好。當時發生了什麼事情？有什麼觸動你的情緒？四周的環境是怎樣的？附近有什麼聲音？感受身體的感覺，同時也可留意自己有否任何衝動去做，或不去做某些事。當你逐漸感到那股情緒來臨時，你會怎樣形容隨之而來的身體感覺、想法、感受和衝動？

然後，抱着開放的態度，給予這些情緒一點空間，與它們共處。不用控制或是推開它們，只要單純地容許它們存在。

當你回想那情境時，留意有沒有任何衝動想辯駁對方、反擊、自我保護，或立刻逃離現場？雖然這些衝動看似很真實和強烈，但它們都只是一股衝動，不一定要變成實際行動，而這一刻就是你的選擇點了。

可能你會感受到一些痛苦的情緒，嘗試溫柔地觀察它們，而不用逃避或回應。抱着包容的態度，看看自己可否接納它們的存在，與它們共處幾分鐘。

第五步：想像行動過程

找到你的選擇點後，以一至十分為這刻的你有多受情緒困擾評分。一分為程度最輕微，十分則是最嚴重。

現在開始想像進行價值行動，愈真實愈好，愈仔細愈好。我們由情緒受困擾的情境開始，但我們不想像現實中那樣情緒主導行為，而是給自己另一種可能性，以剛才想到的價值行動來作出回應。

請在腦海中清晰想像自己說出或作出的新行動，包括你的聲線、身體語言和姿勢。

在接下來的三至五分鐘，重複幾次剛才的想像，由情緒困擾的景況，到選擇點，再到新的價值行動。

最後，觀察自己的心情變化，給自己一個評分。從一至十分，這刻的你有多受情緒困擾？

第六步：鞏固學習

回想剛才的體驗，觀察和接納情緒可有帶來心情改變？可有減少困擾的感覺？

你對於自己的選擇點有什麼觀察或新發現？

細想價值行動如何影響你，有沒有減少困擾的感覺？或增加你忍受痛苦的能力？練習後，你對於自己實行價值行動的信心有沒有增強？

面對挫折，不斷重新選擇

正如剛才的幾個練習顯示，在邁向承諾的行動當中，我們常會遇到挫折或困難。其中一個最常遇到的情況，就是向着承諾行動前進的時候，我們未必會感到舒服，甚或不太快樂。許多時，我們會傾向轉回安舒以及不再痛苦的狀態當中。不是嗎？回想你上一次的承諾行動，可能曾向着重要的人生目標邁進了一段時間，但仍會覺得疲倦，甚至無端地回到一些逃避或抗拒的心態當中。這是很正常的情況，例如你成功戒煙，但在某些日子，你可能會再次吸煙。這時候，可重新檢視你的選擇點，回到當下，提醒自己重新作出選擇：繼續吸煙來舒緩情緒，還是重新確認自己的人生價值，訂立戒煙的目標，放棄吸煙的行為呢？我們可能要不斷作出選擇，因為沒有人能夠保證，在承諾行動的過程中可以一帆風順。但是，我們仍然可以不停地回到選擇點，決定自己下一步的行動，畢竟人生的真正價值及意義，往往更在於其過程。因此，縱使你在某個欄架前跌倒了，重要的是選擇站起來，繼續朝着目標前進。

不單這樣，生命中不斷進行的承諾行動，可以幫助我們擴闊自己的行為領域，縱使在不同挫折當中，仍然向前邁進。這樣，我們便有機會形成新的行動習慣。那麼，本章開首描述的人士，在重要關頭所做的果斷行動，似乎並不是例外的情況了。如果你經常在生命中作出選擇，回到承諾行動當中，相信你也能持續地活出自己的人生價值，得着一個豐盛而有意義的生命！

個案分享

「一直以來，我都好像根據別人或者社會的聲音而活。當遇到困難或逆境的時候，我通常都選擇避開，又或是覺得自己不能做什麼。隨着我開始學習釐清自己的價值觀，認定自己的行動方向，並嘗試根據選擇點去行動，我開始多了一個選擇，就是向着自己認為重要的方向而行，這樣我漸漸發覺我的行動不是單單逃離困苦。我開始重新思考自己的人生，回想每一次遇到障礙的時候，是否應該原地踏步，抑或仍然向前邁進。透過承諾行動的練習，我開始訂立目標，並在每次行動的時候，更覺察到究竟行動是否反映我的價值，就算我當時仍然有負面情緒，或想逃避痛苦，也可以及時辨別及接納這些情緒，不致阻礙着我的行動計劃。我漸漸加強信心，在以後的日子可以作出更多為自己價值而行的承諾行動。」

參考文獻

1-2. Harris, R.(2019). *ACT made simple: An easy-to-read primer on acceptance and commitment therapy* (2nd ed.). Oakland: New Harbinger Publications.

3-4. Gordan, T., & Borushok, J.(2017). *The ACT approach: A comprehensive guide for acceptance and commitment therapy*. Eau Claire, PESI.

5. LeJeune, J., & Luoma, J. B.(2020). *Values in therapy: A clinician's guide to helping clients explore values, increase psychological flexibility, and live a more meaningful life*. Oakland: New Harbinger Publications.

豐盛人生

第十章　負面情緒調適

無論我們擁有一切還是一無所有，
我們都面臨着同樣的障礙：
悲傷、失落、疾病和死亡。
如果我們作為人類要努力獲得更多的智慧、仁慈和同情，
我們必須有意成長為蓮花，
並逐一打開每個花瓣。

高迪 · 霍恩

在這一章，我們將為你介紹如何運用接納與承諾治療的法則於不同的心理問題上，所有的法則都是建基於 ACT 的心理靈活性或心理僵化模式。如前兩章所強調，ACT 最希望幫助人過一個充實、圓滿而具意義的人生，而心理僵化可說是當中最大的阻礙。我們會聚焦討論情緒處理和調適這個課題。對每個人來說，情緒處理都非常重要，這方面的缺失可以造成許多問題，例如影響人際關係、工作表現，甚至身體和靈性健康等等，而心理治療往往都涉及處理受助人情緒的問題，對焦慮症和抑鬱症病人來說，更是如此。

情緒調適的過程

我們在第四章討論過情緒的本質與功用，相信正負面的情緒都有其價值和作用，不應被否定或忽視。如何妥善處理和調適負面情緒，確是對心理健康非常重要，而錯誤地處理負面情緒會造成極大的困擾和痛苦。明白 ACT 如何幫助我們處理負面情緒之先，讓我們先了解心理學對情緒調適的看法。詹姆斯．格羅斯（James Gross）是研究情緒的著名學者，他建議若我們想調適負面情緒，可以在情緒出現和演變的不同階段中，採取以下的步驟[1]：

1 **改變情境：**在情緒未引發事件前，先作預防或採取行動，自然可以減少負面情緒出現的機會；

2 **思想改變：**可以改變對情緒引發事件的理解和看法，例如採取較溫和與正面的想法，而避免偏激的想法，負面情緒自然較少機會出現。即或出現，強烈程度也會減少；

3 轉移注意力：雖然情緒的生理反應和主觀感受是自然現象，並不容易扭轉，但若將注意力轉移至其他地方，例如專注於呼吸或感官經驗，往往能舒緩情緒的張力，亦可嘗試自我安撫。

4 反應調整：當負面情緒確實出現時，我們以什麼態度來看待事情亦非常重要。願意接受和了解，還是抗拒與逃避，可以帶來很不一樣的結果。此外，運用不同的視角去理解事情的意義，也不失為一個轉化負面情緒的良方，例如尋找事件和經歷當中的正面意義和價值，如對成長的幫助，或從失敗中學習等等。

你可有留意，以上調適情緒的方法，涉及了行動（環境控制）、認知、注意力、態度等不同的心理活動過程，當中有很多地方吻合接納與承諾療法。就如第四和第五章所言，ACT 強調我們要對自己的內在經驗，包括情緒，抱開放和接納的態度，願意接觸和理解。從 ACT 的角度來看，情緒調適問題源於個人的思想糾結，尤其是對情緒的態度，和極度的經驗迴避，以致產生失效的行為，而漸漸形成個人對自身的處境缺乏敏感度和心理彈性，出現行為與內心價值不符的情況。

ACT 與情緒調適

談過情緒調適的基本過程後，讓我們了解一下接納與承諾療法如何鼓勵我們運用以下七個步驟來調適負面情緒：[2]

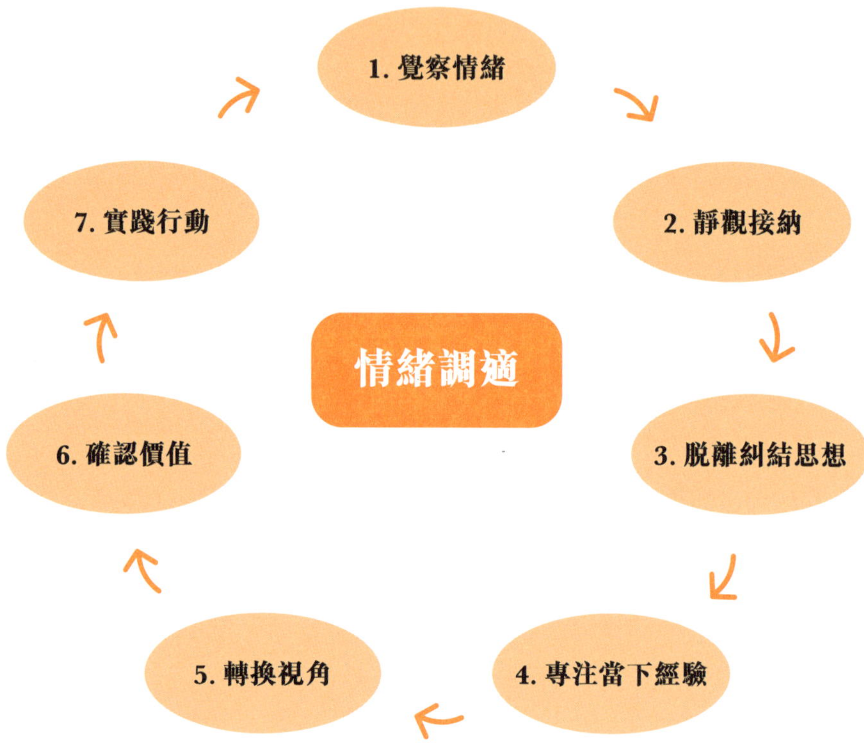

1 覺察情緒：留心自己的內在經驗，特別是情緒方面，是自我調適的起點。如果不留意和覺察情緒的出現和變化，自然難以作出適當的處理。ACT 非常重視專注此時此刻的經驗，與當下緊密地連結。

2 靜觀接納：ACT 的 A（Acceptance）就是指對所有的經驗開放，即使是痛苦的負面情緒，仍然接納不逃避，不抗拒。只有接納和面對真實的經驗，才能從中了解更多，亦不會因抗拒和逃避而衍生更複雜和負面的情緒。我們需要開放地迎向這些情緒，不抱批判的態度，學習與它們共存。

3 脫離糾結思想：負面情緒一般都會附帶一些負面糾結的思想，通常都是對過去的回憶或未來的想像，又或是與自我的評價和感覺有關，也可能是受到思想規條所纏繞。ACT 鼓勵我們與這些糾結思想保持距離，不要過分認同，視想法只是想法，不等同於事實。

4 專注當下經驗：若不想被情緒風暴摧毀的話，必須有一個堅固的定點或錨，能將自己的心安定下來，而 ACT 提出的專注當下，與此刻經驗連結，正有助做到這點。當情緒過於波動時，可將注意力轉移到此刻的感官經驗，如留心細察周圍的環境，用耳聆聽四周的聲音，或感受一下腳踏實地的感覺。另一個有效的方法就是專注自己的呼吸，不用刻意去改變它，只須留心每一下呼吸的狀況。這些專注方法都能助你安定下來，不受強烈的情緒所控制。

5 轉換視角：思想糾結和鑽牛角尖往往是情緒困擾的元兇。ACT 提議我們先脫離糾結，與思想保持距離，不過分認同，然後靈活地從不同的視角去看待問題，例如試從別人的角度思考（角色轉移），或想像多年後回想這事會有什麼看法（時間轉移），又或從宏觀的角度去理解事情的意義（位置轉移）。這些靈活的思考方法，皆有助我們減少執著和鑽牛角尖，並能從多角度去理解和看待問題。

6 確認價值：在面對壓力、挑戰和困難時，我們傾向選擇較容易的解決途徑，就是逃避困難或自己的負面情緒，但這往往並非對自己最有益處，長遠來説，反而可能造成更壞的後果。因此，在這些境況中，我們需要認清自己的價值觀和方向，什麼才是我們真正關注和視為重要的，我應怎樣作決定，採取什麼行動。我們需要的是跟從內心價值的指引，而非單單受情緒所擺佈。

7 實踐行動：ACT 重視的是實踐行動，只有行動才能帶來實際結果。所以，ACT 在情緒調適的應用，最終的步驟就是實踐承諾行動，即按着內心的信念和價值而行。當然，這並非易事，很多時會遇到內外的阻礙，包括現實環境的限制、別人的反對、內心的軟弱或恐懼等。然而，只要我們願意堅持下去，相信一定可以達到目的，而情緒也會隨之而轉化。

你認為 ACT 這七個情緒調適步驟有用嗎？你覺得哪個最易？哪個最難？你願意嘗試一下，看看是否奏效嗎？

ACT 與抑鬱情緒

了解接納與承諾療法與情緒調適的關係之後，讓我們看看 ACT 可以如何幫助人從抑鬱的深淵走出來。當我們在生活中遇到挫敗，失去重要的東西，又或是面對人際關係的傷害時，都可能導致情緒低落，嚴重的話甚至會出現抑鬱。放眼現今世界的情況，不斷受着疫症、經濟下滑、社會事件等衝擊，都容易令一般人感到壓力，甚至不能適當地面對頻繁的轉變。就個人而言，很容易出現低落的情緒，興趣和動力隨之而減少，睡眠及胃口變差也容易出現，工作時亦難以集中。假如不能從這些負面的症狀中走出來，便容易落入自責或自覺無用等負面想法之中，進一步陷入抑鬱的漩渦。

從 ACT 的角度來看，許多人面對抑鬱時，都覺得很難承受，想用不同的方法去減少抑鬱，包括服藥來幫助睡眠，又或是借酒消愁，甚至暴食或過度購物等。另外，許多人在抑鬱的時候都傾向躲避在家，減少外出，不想接觸他人。可是，長期使用這些方法，根本不能解決問題，反而可能令問題更加複雜，例如令人過度沉溺於服藥或購物的惡習之中，又或因為困在家中和減少活動，心情反而變得愈來愈低落。

演化心理學（Evolutionary psychology）告訴我們，抑鬱情緒的出現，是要提示我們，有些事情不太對勁，生活很可能已失去平衡。**解決抑鬱的癥結，並不在於控制或消除抑鬱的情緒，而是要透過明白和了解抑鬱所帶來的信息，重整我們的人生，重新注入活力。**就讓我們嘗試投入抑鬱的情緒之中，讓自己重新了解它，並且選擇適當的應對策略。

靜觀練習：覺察自己的情緒

當你準備好時，請閉上眼睛，覺察自己的呼吸，然後在腦海中回想最近一次自己情緒低落的經驗。當時的情境是怎樣的？在什麼地方？有什麼人物？自己的感受是怎樣的？身體有什麼感覺？腦海中出現一些什麼的想法？有沒有出現困苦的感受？有沒有感到不安、不公平、失落，甚或自責、內疚等情緒或相應的想法？先對這些感受保持注意力，繼續覺察自己，有沒有辨認到自己想推走或令這些感受消失，例如叫自己不要想下去，又或是想立刻進行一些活動去舒緩或逃避自己的情緒？如果有的話，告訴自己這些都是正常的反應，**繼續覺察想推走低落情緒的感覺，同一時間嘗試容納這些感受，讓它們留在原地繼續出現**。有沒有留意到某些強烈的感受，可能會令自己特別抗拒，例如強烈的內疚？試將注意力放在強烈的感受上，溫柔地提醒自己，讓這些感受出現多一會。如果忍受不住，可以將注意力帶回到呼吸上，繼續保持察覺。

以上的靜觀練習，可以訓練我們對情緒的覺察、辨認以至包容。長期做這練習，可以幫助我們學會慢慢地接受自己的情緒，包括低落的情緒或抑鬱的感覺。我們也可以在這個練習中辨認出一些自己慣常控制情緒感覺或想法的行動，例如叫自己不要再想下去，又或是做出一些行為，意圖減少情緒低落的感受。這個練習的其中一個目的，就是讓自己對常見控制情緒的行為，保持着察覺和專注。

當察覺到自己陷入抑鬱情緒的時候，我通常都會出現哪些慣性的感覺或想法？我通常有哪些情緒的想法或行動需要控制呢？

脫離抑鬱的思想糾結

在抑鬱的時候，許多人都會出現不同的思想糾結，專注於某些負面思想，而這些負面的思想很容易影響他們接續的行為，令他們進一步捲入抑鬱的漩渦之中。常見的負面思想包括「自己是無用的，沒有價值的」、「自己做什麼都是錯的」、「將來沒有希望了，永遠都不會變好」等等，而這些想法通常都是很絕對化的。當你重溫第五章「思想抽離，脫離糾結」，便會發現這些思想都很易僵化，甚至變成一些規條綁住我們。從接納與承諾療法的角度來看，我們要辨認出這些僵化和規條化的想法，並且不要糾結其中。

舉一個例子：抑鬱中的人常見想法是「我做得不夠好，做什麼都是錯的」。當一個人常常緊抱這些想法，便會變得情緒低落，沒有動力。當你察覺這點的時候，可以即時提醒自己，這些慣性、絕對化的負面想法又出現了，管不住的話又會把你帶到情緒低落的地步。可是，思想是思想，你是你，你並不一定要抱着「我不夠好，做什麼都錯」的想法去過你的人生，你絕對可以為自己作出別的選擇。

和抑鬱思想保持距離

本書第五章所提到的方法，可以協助我們與抑鬱思想保持距離，例如靜觀思想、放下自己的想法、留意自己的想法與唱出自己的想法等等。本章再提供一個練習，讓我們可以留心捕捉令到我們抑鬱的思想，並且與之保持距離。

感謝我的負面思想

當我們每次留意腦海中出現一個負面思想，例如「我又做錯了」、「別人比我更好」、「將來沒有希望」等等時，可以停一停，然後對自己說：「感謝腦袋出現這個想法。」你會慢慢發現，你可以和自己的負面想法建立一個合理的關係，既可察覺這個負面想法，同時亦可分辨出這個想法並不是你，你絕對有自由為自己作出更好的選擇。當你持續這樣做，便有機會打破持續抑鬱下沉的漩渦。

挑戰抑鬱中經常出現的「理由」

在抑鬱的過程中，我們容易傾向糾結於各種不同的理由和道德判斷之中[(3)]。由於充斥着負面情緒，我們通常會陷入認知偏誤（cognitive bias）之中，將負面的情況歸咎於自己。在抑鬱之下常見的道德判斷，包括「對與錯」、「好與壞」、「公平與不公平」，以及「責任及指責」等。如果我們不停糾結於這些認知偏誤之中，可令人泥足深陷，在日常的人際相處之中，亦容易出現問題。以下練習有助我們發現這些認知偏誤，並嘗試從另一角度去看同一件事情，減少不必要的偏見。

與理由和判斷玩遊戲

請試想像一下以下的情境：

- 假設情況：「我發現自己有高血壓」。

- 最抑鬱角度的思考：「我一早就應該注意身體健康並且戒煙，現在已經太遲了」。

- 最正面角度的思考：「要來的始終要來，我現在開始注意均衡飲食與運動，便可幫自己應付高血壓」。

在以上的練習中，在最抑鬱的角度和最正面的角度裏，你的心情可能存在巨大的差別。重點是，即使在同一個情況下，我們也可以運用不同的理由和判斷去理解事情，這樣便可避免自己慣性地陷入偏向負面的理由和判斷之中。

請回想一些個人的例子，例如一些令你陷入困難的情況，嘗試用最抑鬱的角度以及最正面的角度去思考，留意這兩種角度的思考有什麼分別，對你的情緒又有什麼不同的影響。

重新連接人生價值

還記得本篇開首說明，在抑鬱狀態下，很多人都感到沒有動力，不能拾回自己感興趣的事物嗎？有證據顯示，處於抑鬱狀態下的人，大腦的執行控制網絡（executive control network）[4]較為不活躍，他的組織、計劃、區分優先次序以及其他執行功能都會受損。通過 ACT，我們練習重新連接自己的人生價值，便可以激活個人的動力，甚至改變大腦的狀況，重新過一個有意義的人生。

試想想在過去當你情緒低落或在抑鬱的狀態時，會否感到沒有方向和目標，以前人生中認為重要的事，現在感覺都不再重要，反而一些令你感到抑鬱沮喪的情緒經驗，卻異常活躍，並且常常會藉着不同的事情，誘發你的負面情緒和想法呢？剛才我們提到如何應對自己的負面想法，脫離負面思想的糾結，這可以理解為釋放大腦中應對負面情緒的資源，隨之而來的，是我們可以以比較良好的狀態，重新找回個人動力，重拾正確的方向及目標。

現在請重溫第八章「認定價值，確立方向」中提到的一個練習——「生活的價值」。將自己現在的生活劃分為以下的範疇：家庭、婚姻／伴侶／親密關係、親子關係、友誼、工作、教育、康樂、靈性、社區與身體健康，並按照每個範疇對你的重要程度由 0 至 10 去評分，然後檢視現在對你最重要的是哪些生活範疇，是否反映出你的價值觀？如果按着這些範疇作深入探索，能否連結到你的人生意義呢？

你可能會發現一些之前對你很重要的生活範疇，例如工作或家庭關係，可能會因着一些轉變，例如失業、失去親密關係等等，從而感到失落或者不再重要，這可能亦是導致你步向抑鬱的原因。現在請你重新檢視，在其他的生活範疇之中，是否仍然找到對你十分重要的事情，例如家庭、身體健康、靈性等等？你是否可以在此作出一個選擇，重新向這些你認為仍然重要的生活範疇進發，建立你的方向和目標，並從中重新發現你的人生意義？如果你的答案是肯定的話，恭喜你，你已經選擇重新連接你的人生價值了！

可以理解的是，由於抑鬱情緒的影響，你可能會對於剛才提到重新連接人生價值，感到迷惘和不確定，不肯定自己是否仍然可以繼續在人生的路上邁進。請放心，這是很正常的過程，請你運用之前面對負面思想和脫離糾結的練習，進一步去接納自己的情緒，放開負面想法的糾結。多練習幾次，你也許會達到一個狀態，可以按自己重新連結的人生價值，作出最好的選擇。臨牀經驗顯示，一些久經抑鬱的病人，雖然經歷重大的人生挫折，例如失去工作、離婚、喪偶等等，但若他們能重拾自己認為重要的人生價值和活動，例如轉向靈性的追尋，又或是更重視自己的健康及照顧自己，便會展現出一個不同的人生方向，就如進入人生的新一頁一樣，可以經歷創傷後的成長（post-traumatic growth）。

在我的人生中，有否經歷過一些引起抑鬱情緒的遭遇？有沒有從中連結自己的人生價值，例如重建重要的人際關係、健康的追求或是靈性的追尋呢？

不忘對自己的承諾行動

好了，現在假設你已經開始連結、重尋自己的人生價值，例如選定了增進健康為你重要的人生方向。在某程度上，你的負面想法和情緒不再那麼困擾你了，你可以選擇在日常生活裏實踐自己的承諾行動。如第九章所言，**承諾行動包括在每一個選擇點裏，為自己的行動作出選擇，究竟要邁向重要的人生方向，還是要逃避或控制不願接受的痛苦。在每一個選擇點中選定的行動，只要累積起來時，便會成為步向你人生價值的里程碑**。在最近的奧運比賽中，有一名本來領先的跨欄跑手在最後一個欄架跌倒，失去本來第一的名次，但他仍然爬起來，跑向終點，這就是承諾行動的表現：就算跌倒了，仍然重新站起來，向着終點跑去。

在抑鬱的過程中，你的步伐可能不會那麼順暢，甚至害怕會再跌倒，不能重新起步。請對自己說，這可能是抑鬱影響我的表現，不要緊，我仍然可以選擇向着自己訂立的目標慢慢前進。你可以參考第九章的 SMART 目標工作表或 STEPS 工作表，按自己的步伐前行。不用急，每一步都是你選擇的，並回應自己的需要。抱着接納自己的態度前行，你自然會在承諾行動的過程中變得更有活力和更具彈性。

最後值得一提的是，正如人生障礙賽中，我們隨時可能跌倒，要記着這並不表示你沒法再重新站起來，反而你可以把它視為另一個人生的障礙。你可以重新審視哪些情景會引發你的抑鬱（例如在工作間，同事或上司再一次對你有負面批評），並且有哪些負面的想法和行為出現了（例如不想跟任何人談話，覺得沒人會理睬你），最後是重新連結自己的人生價值，包括在選擇點中作出的選擇，將方向和目標轉向自己的健康行為上（例如進行恆常的健身或瑜伽）。這樣的話，即使產生足以引發抑鬱的情緒和思想，你仍能向前邁進，活出自己認為重要和有價值的人生。

ACT 與焦慮的情緒

現在讓我們探討另一個最常見的情緒問題——焦慮，看看如何運用接納與承諾療法來處理和改善。ACT 對焦慮問題的看法與一般的心理治療不同，很多心理治療的目的都是減低甚至移除焦慮的情緒，這是不難理解的，因焦慮會令人感到非常不舒服和痛苦。與焦慮有關的情緒包括緊張、憂慮、不安、焦躁，甚至驚恐，對當事人來說，都是很辛苦的。

另一方面，焦慮的身體反應也可以非常強烈，例如心跳、氣促、冒汗、手腳麻痺、肌肉繃緊、暈眩、身體發熱等。與焦慮相關的想法也可以叫人非常害怕，例如覺得大禍臨頭、快要崩潰或失控、危機感極大等等。事實上，持久或極度的焦慮嚴重影響心理健康，減低生活效能，甚至造成各種焦慮症，包括經常性焦慮症、社交焦慮症、驚恐症、強迫症等。

ACT 當然理解以上所指的各種焦慮問題和負面影響，但認為情緒並非問題所在，我們如何面對和處理才是最為關鍵。正如第四章所言，情緒是心理健康重要的元素，不論是正面還是負面的情緒。事實上，所謂負面情緒對我們也非常有用，提示我們現今的狀況，需要有否得到滿足，與現實環境的互動情況。若然沒有負面情緒，我們可能落入危險之中也不自知，不會即時作出自我保護，也不會從錯誤中糾正過來。

因此，經驗焦慮並非一定是壞事，但不願意面對和接受，甚至選擇抗拒或逃避，很可能會製造更大和更多的問題。假如你有社交焦慮，不願意與陌生人接觸，因害怕而儘量避免參與任何社交活動，將自己的社交圈子局限於極少數相熟的人之中，或因害怕接觸人而放棄一些難得的機會，自然會帶來負面的影響，降低生活質素，窒礙個人成長。

除了逃避，抗拒焦慮的情緒也會帶來一連串的不良後果。當你視焦慮為一件壞事，就會儘量不去經驗或感受它，怎樣可以做到呢？其中一個方法就是將自然出現的情緒強壓下去，叫自己不去留意或感受。但研究顯示，這種手段只能產生短期的作用，被壓制的情緒並不會自動消失，反而會變得更為強大，在適當的時候就會反彈，造成更大的困擾。另外，你可能想將注意力轉移至其他地方，以求暫時忘記焦慮的情緒，可惜效果只會是短暫的，長遠來說未被接受或疏導的情緒，總會再次浮現，可能變得更強烈。

在你過去處理焦慮情緒的經驗中，逃避或抑壓焦慮感覺有效嗎？會否愈壓抑反而感覺愈糾結呢？這方法長遠有用嗎？

接納焦慮與暴露練習

從ACT的角度來看，我們需要接納所有的情緒，包括焦慮，我們只須讓它自然地流動，不用抑壓。另一方面，**我們需要讓內在的價值觀和目標來指引自己，以致我們的行動不會受心情的好壞左右，畢竟情緒的短暫變化絕非最佳的行動指引**。認知行為治療中常用的暴露練習（exposure exercise）正好說明這點。這練習的原理是讓案主持續地面對焦慮的對象，不論是人、物或環境，並且多次重複這個步驟，直至焦慮的感覺逐漸減少。這個方法非常奏效，然而很多案主未必願意經歷這種頗為艱難的過程，因此半途而廢的也不少。接納與承諾治療相信暴露練習的效用，卻有另一套不同的理解，這個練習也可稱為「願意練習」(willingness exercise),在於挑戰案主會否為了實現自己認為重要的事情,而願意忍受焦慮的感覺,不作逃避或退縮[5]。舉個例,如果你患有驚恐症和懼曠症,原是不敢獨自出街,害怕會突然在公眾地方驚恐發作,但你亦想到若不能獨自外出,不可能工作、交朋友和做很多的事情,就毫無生活質素可言,你的人生也就可說是毫無意義。你清楚知道,這並非你想要的人生,於是你定意做暴露練習,願意勇敢地面對驚恐的情緒,不會因害怕而放棄外出。雖然過程開始時可能極為辛苦,但你仍願意堅持下去。經過多次重複練習之後,你終於能夠不受焦慮或驚恐所控制,可以自由地去做你想做的事情。即使你可能仍會感到一定程度上的不安或焦慮,但已可以不讓情緒左右你的選擇和行動。

與焦慮的想法脫鉤

當你處於焦慮的狀態時,腦袋可能會變得非常活躍,不斷地思索和聯想與危險有關的事情。危險不一定是指身體的傷害或生命的威脅,更有可能是指心理上的創傷,例如自尊感受到打擊,或恐懼失去你所珍重的。你的腦袋也容易誇大問題的嚴重性,傾向想像事情最壞的結果,例如「我今次完蛋了」、「沒希望了,一切都沒了」;或者嚴重低估自己的能力,不信事情有變好的可能,例如「我受不住了,快要崩潰了」、「不可能會有希望了」。這些都是叫人額外焦慮的想法,我們很易陷入其中,將之視作事實一般,這會叫我們落入恐慌之中,大大減低我們靈活應對事情的能力。

若想有效靈活地應對，你需要學習與這些焦慮的思想脱鉤，正確地看待腦袋內的想法和念頭，視它們不過是想法而已，並不代表事實就一定如你所想的。想法會不斷改變，也易受情緒或心情影響，例如面對同一件事情，你心情極好時，自然會有較樂觀和正面的想法；但如果你心情極差，就很可能將事情看得較悲觀和負面。可見，想法都是很主觀和易變的，因此我們不須捉得太緊，只要覺察和輕輕地握着就可以了。

當焦慮來到時，我們可能很想扭轉自己的想法，藉此來降低焦慮情緒，例如對自己説：「不用擔心」、「事情會變好的」。可是，我們的思想很多時都有其出現的原因和歷史，不是單純自我説服就能扭轉的。我們愈強迫自己改變想法，想法往往變得愈糾結，內心會愈掙扎，最後只會消耗心力，結果適得其反。就像第四章提及與內心怪獸扯大纜的比喻一樣，你愈掙扎就會遇到愈強大的反彈，唯一可以脱身的機會，就是放下大纜，不去掙扎，不再糾纏下去。

因此，面對焦慮的時候，我們只須靜觀覺察自己的想法，明白想法是會自然地出現，也會自然地消失，就像潮水一樣，有它的自然定律，不必刻意去改變它。最好能專注於自己認為重要的事情上，並採取適當行動邁向訂下的目標。這樣，焦慮的想法就如岸邊湧浪一般，前進一段後就會退回大海。

專注當下的好處

專注當下，與此刻連結，於應對焦慮極有好處。為什麼呢？因焦慮大多是與憂慮未來的想法有關，滿腦子都在擔心可能發生恐怖或危險的事情，萬一發生的話就慘了！如果我們不想陷入這種不斷重複糾結的思緒，其中一個最有效的方法，就是將注意力帶到此時此刻實際的經驗，特別是專注當下的感官經驗和身體感覺，可有助擺脱腦袋中不停出現的焦慮想法。

邀請你現在嘗試以下的練習：回想一件令你感到焦慮的事情。當時你正在做什麼？在什麼地方？與誰一起，還是獨自一人？腦袋裏出現什麼引起焦慮的想法？這些想法可有捉住你不放？你的身體可有出現什麼反應，例如呼吸急促、心跳、冒汗、發抖、麻痺等？嘗試用一點時間，讓自己重新經歷這些想法和情緒，就如再置身其中一樣。

現在，你可能已經感到非常不舒服或焦慮不安，怎能抽離這種狀況呢？記着，抽離並非逃避，只是不想不斷陷入焦慮的狀態之中。你可回到當下感官經驗，讓自己專注於眼前所看見的、耳朵所聽見的、鼻子所嗅到的和身體所接觸到的感覺。這些感官經驗都是實在而直接的，不須用大腦來分析，可以即時將自己抽離焦慮的想法。當然，另一個專注點可以是自己的呼吸。然而，當你感到焦慮或緊張時，呼吸很易變得急促，專注呼吸時應儘量放慢呼吸的節奏。

靈活思考，轉換視角

接納與承諾療法鼓勵我們不執著於焦慮的思想，脫離思想糾結，要靈活地思考問題，轉換不同的視角來看待事情。舉一個例，現時經濟環境轉差，你很擔心自己失業，飯碗不保。當你將問題不斷放大時，恐懼感也會不斷增加。你可用不同的角度來看待問題，如經濟不景可以是進修增值的良機，預備轉型去做更合適的工種，也可以考慮，若然工作真的不如意，可否尋找其他的生活目標，例如發展其他興趣、交友、靈性生活等？你也可想像，十年後你會怎樣回望現時的問題呢？你可能會發現，現在的擔憂都是杞人憂天，沒有必要的。再不然，你可以視困難為上天給你的考驗，為的是鍛煉出堅毅豁達的個性，也未嘗不是一件好事。總而言之，擴闊視野，靈活地思考，可助你更易勝過焦慮。

選擇價值行動

即使焦慮的情緒最終沒有消失或減退，也不應妨礙你去採取以價值為依歸的決定和行動。**重要的不是情緒的高低起跌，而是你是否清楚面對這個處境時，什麼對你是最重要的？你的需要和目標是什麼？什麼的決定和行動最符合你的價值觀和人生方向？**不要因害怕焦慮的感覺而去做逃兵，放棄實踐價值行動和過有意義的生活。你可以反問自己，若順從自己的感覺，只追求消除焦慮，會有什麼短期結果？又有什麼長遠的後果呢？若你敢於容讓焦慮的感覺存在，接納並包容它，學習與之共存，那焦慮就只是一種經驗而已；然後，將焦點投放在重要的事情上，付諸行動，不論成敗，你已經活出了有意義的生活。

你認為在情緒處理上確立自己的價值取向和人生方向重要嗎？會有什麼幫助？你有憑着價值觀而非情緒來導引行為的成功經驗嗎？

結語

過去心理學和心理治療的情緒調適方法，大都強調負面情緒的控制和管理。然而，近代的理論和手法則強調靜觀覺察和接納情緒的重要，主張對情緒經驗抱開放和容讓的態度，這也正是接納與承諾治療的立場。不單這樣，ACT 更指出，我們應按內心的價值而行，不論情緒的狀態怎樣，都不要讓它左右你的價值實踐行動。這樣，長遠而言，你的情緒健康，包括焦慮和抑鬱的情緒，都會隨着生活意義和滿足感的提升而得到相應的改善。

參考文獻

1. Gross, J. J.(2015). Emotion regulation: Current status and future prospects. *Psychological Inquiry, 26* (1), 1-26.
2. Harris, R.(2019). *ACT made simple: An easy-to-read primer on acceptance and commitment therapy* (2nd ed.). Oakland: New Harbinger Publications.
3. Strosahl, K. D., & Robinson, P. J.(2017). *The Mindfulness and acceptance workbook for depression: Using acceptance and commitment therapy to move through depression and create a life worth living* (2nd ed.). Oakland: New Harbinger Publications.
4. Zhao, Q., Swati, Z. N. K., Metmer, H., Sang, X., & Lu, J.(2019). Investigating executive control network and default mode network dysfunction in major depressive disorder. *Neuroscience Letters, 701* (14), 154-161.
5. Hayes, S. C., Strosahl, K. D., & Wilson, K. G.(2016). *Acceptance and commitment therapy: The process and practice of mindful change* (2nd ed.). New York: Guilford Publications.

第十一章 慈心與接納承諾

我們認識最美麗的人，

是那些知道失敗、知道痛苦、知道掙扎、知道失去，

並找到了走出深淵的路的人。

這些人對生活充滿了同情、溫柔和深切的關愛。

美麗的人由心而發。

伊麗莎白．庫伯勒－羅斯

不知你上一次幫助別人的經驗是怎樣的，是為別人指引正確的方向、分擔別人的煩惱，還是將物品與人分享？可有留意到當時你和對方的反應？你感到快樂嗎？如果有的話，這可能就是慈心（compassion）的表現了。

看到別人有困難或痛苦的時候，嘗試幫助他們，是人性中很正面和重要的部分。筆者（黃氏）的親人最近跌倒，在急症室受到醫生的悉心照料，經驗到一份安穩和溫馨的感覺。我相信在最痛苦的時候，得到別人的關懷和照顧，可以是消除痛苦最有效的方法。

本書之前的章節多次提及人怎樣因刻意逃避痛苦，失去快樂和平安，也闡述接納與承諾療法怎樣幫助人一方面學習與痛苦共存，而另一方面則轉向尋求生命中重要的事情。在本章，我們會為你引進「慈心」這個治療新方向，並與接納與承諾療法融合，重點是去覺察及轉化一些無可避免的痛苦，並在痛苦裏與自己及別人連結，努力活出生命的意義。

什麼是慈心待己？

心理學家克里斯汀．內夫（Kristin Neff）是研究慈心的權威，為慈心闡述了三個特質，包括仁慈（kindness）、靜觀（mindfulness）與共同人性（common humanity）。[(1)]

第一個慈心的特質是仁慈。仁慈可說是一種美德，能感受到別人的困苦，懷着慈愛，願意幫助及照顧別人。另一方面，對自己仁慈的人，可以以寬宏的心包容自己的缺點，不會過於自我批判，當發現自己有缺點的時候，傾向體諒和接納。

第二個慈心的特質是靜觀，意指我們可以活在此時此刻，不加批判地接納自己的感覺、情緒和想法。在靜觀中我們較容易騰出一個空間，以慈心去對待自己的經驗。

第三個慈心的特質是共同人性，意指一種更廣泛的察覺，別人與自己一樣都會犯錯，也有不當的行為，以致困在痛苦裏。在這種共同人性的覺察之中，你更能感受別人同在困苦的經驗裏，可以較容易去聯繫別人，幫助他人。

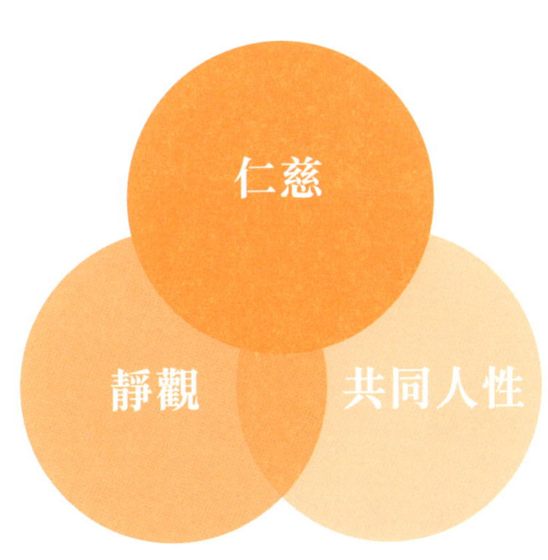

以上三個慈心特質可歸納為一種心態，就是透過仁慈與靜觀覺察，明白自己與別人都充滿痛苦，因而願意去減低自己及別人的痛苦。當我們展現慈心的時候，不單能有動力幫助他人解除痛苦，亦會幫自己解除痛苦，而本章的重點正是學習如何以慈心待己（self-compassion）。

請回想上一次你感到痛苦時的經驗。想起的是什麼情境？你當時的感受怎樣？腦海裏有什麼想法？在過程中有否嘗試幫自己解除痛苦的經驗，或者想盡辦法去逃避痛苦，或依賴他人的幫助？你可有在某個時刻中，能夠面對自己的痛苦，帶着清楚的覺察，甚至有一刻深深地體會和接納自己的痛苦，以致你會更仁慈地對待自己呢？如果有的話，這已經是一種慈心待己的表現了。

你在困苦時，會否纏繞在痛苦當中，不容易走出來呢？對你來說，慈心待己是常見的現象，還是一種不容易獲得的經驗呢？

靜觀覺察與慈心待己

在接納與承諾療法的六邊形模式中，「專注當下」和「以己為境和觀察者」，都是非常重要的向度，能幫助我們建立更廣闊的空間去盛載自己的經驗。事實上，專注當下與以己為觀察者的訓練，都有助培養慈心待己。回到上文的思考問題，如果在你的回憶裏，自己是完全浸淫在痛苦之中，例如被上司不斷批評後，覺得自己一文不值，恐懼失去工作，這代表你仍糾結於痛苦的經驗與想法當中。但是，如果你的回憶含有自己作為一個觀察者的經驗，看到痛苦那刻的自己，並且願意更仁慈地對待自己，這樣你便更能發動慈心去自我接納，並舒緩內心的痛苦。

慈心冥想練習

做這個練習時，你可先專注地呼吸幾下，留意身體的感覺。接着，回想最近感到痛苦或困擾的事情，嘗試想像以觀察者的自己，察覺着自己的痛苦，並溫柔和慈愛地對痛苦的自己說：

「願我免除仇敵與危害，
願我免除身心的痛苦，
願我平安與快樂。」

若你想的話，可以將雙手放在胸口，想像將慈悲注入內心之中。

你可以將以上的慈心冥想理解為一個靜觀練習，透過觀察者的自己，去覺察和安撫自己，以解除內心的痛苦。事實上，在靜觀中的我們會較容易接納並擁抱自己的痛苦，從而達到慈心待己。

研究發現，經常練習慈心冥想的人，可以獲得不少益處。有研究發現，他們的憂慮和抑鬱情緒都會比較少 [1]，也較少出現與抑鬱有關的重複思想 [2]。面對日常生活不愉快的事情時，他們也較少出現負面的情緒或想法[3]。另外一些研究發現，當人在慈心的狀態時，大腦會釋放催產素（Oxytocin）和內啡肽（Endorphin）兩種激素，從而達到舒緩壓力及減少痛苦的作用[4]。

當你以一個慈心的觀察者去接觸自己時，會較容易迎向感到痛苦的事情或經驗，並且不會糾結在負面的想法之中，因你是自願地去接觸這些痛苦經驗。在臨牀的經驗裏，一些受到持續焦慮或抑鬱困擾的受助者，經常自我批評，或出現自覺沒有人生價值的負面想法。在進行慈心待己的練習後，他們的自我批評減少了，也不再糾結於自我指責或自覺毫無價值的想法當中；此外，他們的自我接納也會相對地提高。總的來說，他們會較少墜入抑鬱或焦慮的漩渦當中，這和之前提及的研究發現非常吻合。

慈心應對自我批評

現在讓我們再做一個練習，學習如何運用慈心去應對自我批評。請回想一個最容易令你自我批評的情景（例如在工作間，遭到上司的批評），找出最常出現的感受和想法（例如覺得自己做得很差、自己永遠都無法改善過來等），接着想像以慈心的自己去回應這些想法和感受。你可以自我擁抱或輕撫着自己的胸口，仁慈地安撫和接納自己，例如接納自己受到上司批評時，內心出現的自我批評或怪責的想法。你可以對自己說：「我明白和接納自我批評的想法，也接納怪責自己的感受」。最後，檢視自己有沒有出現新的情緒感受，例如感到平靜下來，更接納自己也願意嘗試客觀地去檢討自己工作上出現的問題。

總的來說，以上的練習可以幫助我們在困境中，願意迎向及接觸自己的痛苦，並以慈心的角度和溫柔的態度去安撫自己。這樣，我們便更容易在困難的情況下接納自己的痛苦，並較容易從自我批評中走出來，更有力量繼續走下去。

當進行以上慈心應對自我批評的練習時，你發現自己通常是陷於自我批評裏，還是可以從自我怪責的感受中釋放出來呢？換句話說，你發現自己傾向以慈心接納自己，還是繼續自我批評或怪責呢？

慈心與人生價值

接納與承諾療法常常提醒我們，我們的行動需要與自己的人生價值接軌，這樣才可以朝着自己認為重要的方向前進，為所認定的價值而努力。慈心不單可以讓我們接觸痛苦，能解除或減輕自己或別人的痛苦，並且在慈心的狀態中，更有意願去對待自己好一些，也對待別人好一些，這些都構成我們很重要的人生價值。

事實上，從慈心的角度出發，你會發現痛苦並不是個人獨有的，而是人性的共同經歷。懷抱慈心，能夠察覺到自己及他人都同在痛苦裏打滾，更容易觸動我們盡最大的努力來幫助自己或他人解除這些痛苦。這樣，我們不單會減少逃避痛苦的自然傾向，而且能夠因着慈心而更努力尋找消除痛苦的方法，令自己的人生更具意義。

慈心對待他人練習

慈心不單可以對己，更可用於待人。請你閉上眼睛想像，你熟悉的親人、朋友，甚或陌生人，都各自有着不同的困苦，例如生病、失業、生離死別等等。當想到痛苦是共有的，你和他們都沒有分別，願意的話，可以如此許願：

「我願意吸入他的痛苦，

我將平安及快樂呼出給他。」

重要的是，你是發自內心自願這樣做的，並了解這樣做可能減少別人的痛苦，而在這個對人慈心的過程中，你也可以得着平安和快樂。

當然，在做這個練習時，你可能會感到這做法和你一貫做人的宗旨相違背。你可能會想，為什麼自己痛苦還不夠，還要吸入別人的痛苦呢？如果你明白慈心的運作，便有可能自願地這樣做，因為我們慈心待人時，最終慈心也會回到自己，幫助你解除自己的痛苦。

有趣的是，有些研究發現，能夠慈心待己的人較能接受自己的失敗，並重新振作起來，繼續努力嘗試[(5)]。另一些研究則發現，慈心待己的人，人際關係較好[(6)]，也更容易慈心地對待別人，以及寬恕他人[(7)]。

慈心的連結行動

這數十年間，科技及物質生活急速進步，的確令我們的生活方便了不少。因着科技，我們現時與人聯繫和接觸多是透過手機，不難發現許多時候心靈反而變得更加空虛，與人的心理距離也變得更遙遠。而且，社會進步令競爭白熱化，令我們活在不停與別人競賽的恐懼之中。基於這種恐懼，我們或多或少都學會保護自己，免受他人的傷害，甚至對他人懷着過多的敵意，陷入人際關係的痛苦之中。然而，與他人連結是重要的人生價值，正如接納與承諾療法指出，我們不要一直糾纏於如何脫苦，反而要努力邁向重要的人生價值，包括與別人聯繫和保持關係，在這個着重競爭的現代社會中就更顯得重要。

對你來說，幫助別人解除痛苦是否重要的人生價值，還是與持守的價值有衝突呢（例如你認為和他人總是在競爭狀態，一定要勝過他人）？

慈心與承諾行動

慈心除了帶出我們的人生價值之外，也可以成為我們日常生活行為的推動力。許多時候慈心所帶動的承諾行動，都是由心而發的。無論我們有多忙或多大的困難，見到自己或別人痛苦的時候，因着慈心的重要價值，都可以放下手頭的事情或工作，去幫助別人或自己，這本是一項重要的承諾行動。可以說，慈心的行動是透過第九章介紹過的選擇點，決定這刻對我們重要的價值是什麼，然後作出相應的行動實踐。

慈心承諾行動練習

在這個練習中，我們嘗試訂立一些慈心待己和待人的價值，並相關的承諾行動。請你每天抽出一些時間，善待自己；同樣地，請你每天都抽出時間來善待他人。這些不同的行動可以是隨心或隨機而發的，例如在街上幫助一些有需要的人、扶行動不便的人士過馬路，也可以為自己作出一些慈心行動，例如到公園或大自然走一趟、吃一頓豐富的晚餐、做按摩或做運動等。重要的是在以上的行動，我們都要發自內心，以慈心帶動自己。這樣，慈心行動自然為你帶來平安快樂和減少痛苦。

結語

慈心能為我們提供美好的心態與及行動方向。透過慈心，我們明白每人內心都是痛苦的和恐懼的。透過慈心，我們明白與別人連結的需要，透過連結和互相幫助，我們能夠更有效地面對痛苦。透過慈心，我們明白到一個千古不變的道理——**人不是一個孤島，人與天地萬物都是互相連繫的**。透過慈心，我們可以重拾真正的平安與快樂。最後，透過慈心，我們可以經歷共同人性中最寶貴的部分。

參考文獻

1. Neff, K. D., Kirkpatrick, K. L., & Rude, S. S.(2007). Self-compassion and adaptive psychological functioning. *Journal of Research in Personality, 41* (1), 139-154.
2. Raes, F.(2010). Rumination and worry as mediators of the relationship between self-compassion and depression and anxiety. *Personality and Individual Differences, 48* (6), 757-761.
3. Leary, M. R., Tate, E. B., Adams, C. E., Allen, A. S., & Hancock, J.(2007). Self-compassion and reactions to unpleasant self-relevant events: The implications of treating oneself kindly. *Journal of Personality and Social Psychology, 92* (5), 887-904.
4. Neff, K., & Germer, C.(2018). *The mindful self-compassion workbook: A proven way to accept yourself, build inner strength, and thrive*. New York: Guilford Press.
5. Neely, M. E., Schallert, D. L., Mohammed, S. S., Roberts, R. M., & Chen, Y. J.(2009). Self-kindness when facing stress: The role of self-compassion, goal regulation, and support in college students' well-being. *Motivation and Emotion, 33* (1), 88-97.
6. Yarnell, L. M., & Neff, K. D.(2013). Self-compassion, interpersonal conflict resolutions, and well-being. *Self and Identity, 12* (2), 146-159.
7. Neff, K. D., & Pommier, E.(2013). The relationship between self-compassion and other-focused concern among college undergraduates, community adults, and practicing meditators. *Self and Identity, 12* (2), 160-176.

第十二章 ACT出正向人生

你可以為玫瑰長滿刺而抱怨，

或為荊棘裏長滿玫瑰花而喜悅。

林肯

今天是全新的開始，

一個讓你把失敗轉化為成功，

悲痛轉化為喜悅的機會。

喬爾．埃哲頓

接納與承諾治療／訓練並非單針對精神健康問題，更能為你提供一個精彩而充滿活力的心理藍圖，助你追求充實有意義的人生。事實上，大多數接受輔導或心理治療的求助者，若可以自由選擇的話，都希望不單只除去心理病徵或痛苦，更願意獲得整全的心理健康，可以發揮自我，活出愉快充實的生活。在這點上，接納與承諾治療與近年崛起的正向心理學可說是殊途同歸。正向心理學的理論和研究可以大大提升我們對美好人生的認識，也可與 ACT 產生相輔相成的效應。在本書的最後一章，我們會為你闡述正向心理學如何能融入和提升 ACT 的理論，為你的美好人生打造更扎實的基礎。

正向心理學的起源

正向心理學由美國心理學教授沙利文於 1998 年提出。那年，他擔任美國心理學會的會長，根據傳統，他必須於會長就職會上提出一項嶄新的心理學研究專題。經過幾個月的考慮後，沙利文提出以正向心理學作為研究專題。他在演說中提到，過往心理學過分側重病態心理和精神病的研究和治療，雖然獲得巨大的成功和助人無數，卻忽略了心理學原先的初心，就是幫助人發掘自我潛能，發揮所長，打造愉快積極和美好的人生（a flourished life）。在沙利文的提倡下，正向心理學在這二十年間迅速發展，成就非凡，產生了大量的理論和研究，令我們能更有把握地解說什麼是豐盛的人生，並達致這種人生的途徑。

何謂豐盛人生？

正向心理學對豐盛人生的定義不一，以沙利文的三種人生理論最為全面。在著作《真實的快樂》中，他提出達致快樂美滿人生有三種途徑。**第一種是「愉悦的人生」**，能夠在自己的生活中增添正面愉快的情緒，如歡樂、興奮、好奇、欣賞、感恩、平靜、自尊、慈愛等等。這些情緒大多是經過自己的選擇和努力而獲得，有賴自我培育的正面心態和行動，並非環境所造成或別人賜予的。愉悦人生的反面，就是充滿負面情緒的人生，不斷被沮喪、焦慮、恐懼、憂慮、憤怒、內疚、羞愧等困擾，失去生命的活力和希望。

第二種美好人生的途徑則為「積極的人生」，所指的是能夠善用自己的品格優點和才能，在人生各個重要的範疇中，如家庭、學業、關係、興趣、靈性、社區參與等，盡情發揮，追求積極有目標的生活。這種人生的反面就是無聊失落的人生，對周圍的事物失去興趣，以消極的態度面對，找不到生活目標，也不能發揮自我的所長。

第三種，也可能是最重要的一種，乃「具意義的人生」，能夠將自己的品格優點和所長，運用於一些超越自我並具價值和意義的事情上，以此確立人生的方向和目標，願意委身其中。這種人生的反面，就是空虛無意義的人生，不知道自己人生的方向，找不到值得委身的價值和意義，迷失和空虛可說是必然的後果。

若將沙利文的三種人生結合起來，就可能是**最圓滿的人生**：「能夠在生活的重要範疇中，善用自己的強項和所長，追求比自己更重要的價值和意義，以達致內心深度的滿足。」[1] 在這三種人生的整合中，我們可以發現沙利文非常重視主觀的滿足、積極的行動、意義和價值，其中第二和第三個重點與 ACT 以價值為本的主張，頗為吻合。至於第一個重點，即主觀的滿足感，ACT 其實並不鼓勵追求短暫的快樂，反而強調較長久、以價值為依歸的行動所帶來內心深層的滿足。

正向心理學 2.0

近年心理學界出現一個嶄新的觀點，對第一個版本的正向心理學提出質疑，以王載寶及 Itai Ivtzan 等為首的學者，倡議正向心理學 2.0 版[2]，認為真正美好的人生，應該是可以承載痛苦，甚至將之轉化為正面的力量，不應只是追求快樂和滿足，或所謂正面的經驗，否則我們未必能夠面對人生種種無可避免的困難和挑戰。若我們缺乏面對逆境，甚至轉化逆境的能力，快樂的基礎就只是建造在浮沙之上，當風雨來臨時，可能會不堪一擊。

這派主張認為，人生的痛苦和失望幾乎是無法避免的，我們所想要的求而不得，不想要的卻總會出現。**真正整全的正向心理學，應該能助人駕馭順境和逆境，即使在逆境和困難中，也能發揮正向的心態，並以積極的行動來回應。**

你是否認同正向心理學 2.0 版的觀點？你認為將痛苦轉化為成長的契機有可能嗎？你可有類似的經驗嗎？

ACT 出正向人生

正向心理學不能單單重視快樂，同時更應強調抗逆力、柔韌力，甚至是創傷後的成長，幫助人從苦難中得益（當然這並不表示受苦是不真實的）。正向心理學 2.0 其實和接納與承諾療法有很多相似的地方，ACT 的心理靈活性包含了以開放接納的態度，面對困苦經驗，不加以逃避或抗拒，這正是培養抗逆力很重要的條件。在逆境中，我們需要勇氣去面對艱辛，敢於接觸傷痛的經驗，才可真正了解和承載痛苦。

在面對逆境時，心理靈活性的另一個向度——脫離思想糾結，同樣扮演一個重要的角色。我們在困苦中，最易陷入糾結的思想，重複鑽牛角尖，對解決問題不單沒有幫助，對抗逆一些好處也沒有。在人生的困難當中，我們更需要看清自己的思想，明白它的局限性，例如想法會受到過去負面創傷經驗的影響，以致未能適切地回應現實的要求。所以，我們需要靜觀覺察，明白想法不代表現實，也是易變的。面對逆境，我們必須回歸內心所持守的信念和價值，以此為依據來決定應有的選擇和行動。

對意義和價值的追求，乃是正向心理學 2.0 版所最重視的，因在困苦之中只有意義和價值能幫助你渡過難關，甚至有所得着。ACT 也是開宗明義將價值和意義放在人生的中心點，只有這樣，我們才能經得起人生大大小小的風浪，就如暴風雨中的小船，需要拋下船錨，將船隻穩定下來一樣。我們若認定人生的方向和意義，付諸行動，就不易被短暫而易變的負面想法所影響，也能發揮最大的效能去駕馭風浪了。

你認為心理靈活性能提升抗逆能力嗎？哪一個向度最為重要？你可有親身的體驗？

靜觀的妙處

由此可見，接納與承諾療法與正向心理學 2.0 版的確非常吻合，因它們都能帶動我們面對現實人生，不作逃避，勇於承擔，意義為本，以實際行動來創造美好人生。不單如此，正向心理學 1.0 版所重視的各種正向心理條件和技巧，如感恩、細味、樂觀等等，若我們能以靜觀的精神來加以發揮的話，一定可以大大豐富我們的心理素質，而 ACT 的專注當下和以己為境正是靜觀的重要元素。

你可能會感到奇怪，為何靜觀在這方面如此重要呢？以感恩（gratitude）為例，專注當下能令你更深刻地體會一些本來被視為平凡的經驗，如散步、吃飯、甚至工作，發現當中獨特和豐富的地方。這樣，你自然更容易為這些平凡的經驗感恩。

細味經驗可能是另一個你可以想像的例子。細味美好經驗的先決條件，就是你必須有意識地經歷這個經驗，而靜觀覺察正是有意識地留心內在經驗，這不就自然成為認真細味的先決條件嗎？

這樣看來，我們若能將正向心理學，不論是 1.0 還是 2.0 版本，跟接納與承諾療法適當地整合，便可以產生更大的能量和心理資源，對促進心理健康，包括逆境中的柔韌力，很有裨益。只要你學會靈活地運用兩者，自然能事半功倍地造福自己和別人。

美德與品格優點

正向心理學其中一個主要的成就，就是對人的美德和品格優點（virtues and character strengths）作了大量的研究，成績斐然。[3] 這些研究指出，若想活得充實和豐盛，我們就必須發掘和運用自己的品格優點，提升我們生活的意義感。

其實，認識並發揮品格優點，與 ACT 所提倡以價值和意義為中心的生活，極有關連。一般而言，我們的美德與品格優點大多與自己的價值觀吻合。沙利文和 Christopher Peterson 創造出一套美德和品格優點的分類系統，稱為「行動中的美德」(Virtues in action)。[4] 他們曾經對約二百個社會和文化作出深入的研究，歸納出具普世性的六大美德，當中包含二十四個品格優點，你可在右列表中找到它們的簡介。

假如你擁有的品格優點是公義、正直、公民感或公平公正，那很可能你的價值觀包含對公義和公平的信念。又假如你擁有對美的欣賞、感恩、希望等品格優點，那你也很可能非常重視自我超越和靈性方面的事情。如果你的品格優點很多是與對人的慈愛有關的，相信你也會擁抱對人關愛的價值觀和信念。由此可見，發揮個人的美德和品格優點，是活出（ACT 出）豐盛人生的其中一個方法，也是正向心理學可以幫助我們發揮 ACT 精神的另一個例子。

六大美德	二十四個品格優點
智慧及知識 （具有必需的認知能力以獲得及運用知識）	1. **創造力、靈巧性和獨創性**：能想出嶄新和有成效的做事方法。 2. **好奇心（興趣，尋找新事物，對不同經驗抱開明態度）**：對不斷出現的事物感興趣。對不同的話題和題目感到着迷，並會鋭意探索和加以發掘。 3. **開明的思想（具判斷力，批判性的思考）**：能從多方面思考和考證事物，不會妄下結論，亦能根據證據改變自己的想法，公平地衡量各方面的事實。 4. **喜愛學習**：無論是自學或是正統學習，都能掌握到新技巧、主題和知識的內容，有系統地增進個人的知識。 5. **洞察力（智慧）**：能夠為別人提供明智的忠告、對這個世界的看法，對自己和別人來説都具有意義。
勇氣 （具有面對艱難時，仍會根據自己的信念行動的意志）	6. **勇敢（英勇）**：面對威脅、挑戰、困難或痛楚時，不會畏縮。 7. **堅持（毅力，勤奮）**：完成自己開展的工作。即使過程中面對困難，亦會堅持下去，不罷休，並以完成工作為樂。 8. **正直（真摯，誠實）**：説實話、真實地表現自己、不虛偽、為自己的感情和行為負責。 9. **生命力（興致，熱心，活力，幹勁）**：以興奮和充滿幹勁的心情面對生命，做事全力以赴，不會半途而廢，也不會覺得沒勁。把生活當作一場歷險，充滿活力和生氣。

六大美德	二十四個品格優點
仁愛 （具有對人關顧及體貼的心）	**10. 愛：**重視與別人的親密關係，特別是那些互相分享與關懷的關係。
	11. 仁慈（寬宏，栽培，關懷，憐憫，無私的愛，善良）：帶給別人恩惠，為別人做好事，幫助他們，照顧他們。
	12. 社交智慧（情緒智慧、個人智慧）：能明白別人和自己的動機與感受，曉得怎樣配合不同的社交場合，知道別人想要什麼。
公義 （具有公民感及維持健康社區生活的使命感）	**13. 公民感（社會責任，忠心，團隊精神）：**作為團隊的一份子，表現盡責，對團隊忠心，還會做好自己的份內事。
	14. 不偏不倚：依據公平和公正的觀念，對所有人一視同仁，給予每個人平等的機會。不會因為個人觀感而對別人作出有偏差的判斷。
	15. 領導才能：身為團體的一份子，在鼓勵組員完成他們的工作之餘，還會維持組員之間的良好關係。籌劃團體活動，並予以實行。
節制 （具有免於過量的能耐）	**16. 寬恕和慈悲：**寬恕做錯事的人，給別人第二次機會，不圖謀報復。
	17. 謙恭 / 謙遜：不誇耀自己的成就；不追求別人的注視；不認為自己比人特別。
	18. 審慎：小心謹慎，不過分冒險，不説那些將來自己會後悔的話，或是做將來會後悔的事。
	19. 自我規範（自我控制）：規範自己的行為和感覺，自律。

六大美德	二十四個品格優點
靈性及超越 （具有與宇宙萬物連繫及賦予生命意義的追求）	**20. 對美麗和卓越的欣賞（讚歎、奇妙、提升）：** 欣賞生命中的一切，從大自然、藝術、數學、科學以至日常生活體驗，都留意其美麗、優秀和富技巧之處。 **21. 感恩：** 留意身邊發生的好事，並為此感恩。常常表達謝意。 **22. 希望：** 對未來抱有最好的期望，並努力達成心願；相信美好的將來是可以達到的。 **23. 幽默感（佻皮）：** 喜歡大笑和逗別人，為別人帶來歡笑，看到事物輕鬆的一面，喜歡開玩笑（但不一定是說笑話）。 **24. 靈修性（宗教性，信念，目的）：** 對崇高的人生目標和宇宙意義抱有貫徹始終的信念，明白人怎樣在大環境中作出配合。

心理靈活性自評工具

最後，我們為你介紹一個心理靈活性的自評工具。心理靈活性是接納與承諾治療的健康指標，亦是心理治療的目標。若想邁向一個正向而又具價值的人生，不斷進步和提升自己，你就要實踐從這書所學的，應用於自己的生活經驗之中。我們建議你運用學者 David Chantry 發明的 ACT Advisor 這個工具[5]，定期檢視自己的心理靈活性，看看可有進步和可以改善的地方。這是一個很簡單易用的自評工具（請參看頁 242 至 243），ACT Advisor 為你列出心理靈活性六個向度的高低值，由 1 至 10 分，1 分代表極低的靈活性，10 分代表極高的靈活性。你需要做的，就是誠實地檢視自己每個向度的表現和實況，給予一個分數，完成後將六個分數加起來，得出一個總分。

完成後，你可檢視哪些向度表現最為理想，為什麼？有何經驗支持？又有哪些向度較為欠缺，原因何在和有何實際經驗？你的相對弱項是集中於「接納」，還是「承諾」方面呢？若是「接納」方面的問題大些，你可能需要多練習靜觀覺察，專注當下；若是「承諾」方面的問題大些，那你可能需要認清自己的價值觀，並多實踐以價值作為日常行動的指引。其實，「接納」和「承諾」兩方面是互為影響的。若能接納所有經驗，脫離思想糾結，專注當下，不易受內在困苦情緒和思想糾結所阻撓，自然更能活出以價值為依歸的生活。同樣，若能認清生活的方向和目標，實踐價值指引的行動，自然更能放下糾結的思想和困苦情緒，與當下連結。由此可見，心理靈活性的六個向度緊密相連，互相影響。

了解自己是改善心理健康的開端，你可定期用這個 ACT Advisor 工具來作自我檢測，看看自己可會比之前有所進步和改善，鼓勵自己不斷邁向一個正向的人生！

心理靈活性量表（ACT Advisor Psychology flexibility measure）

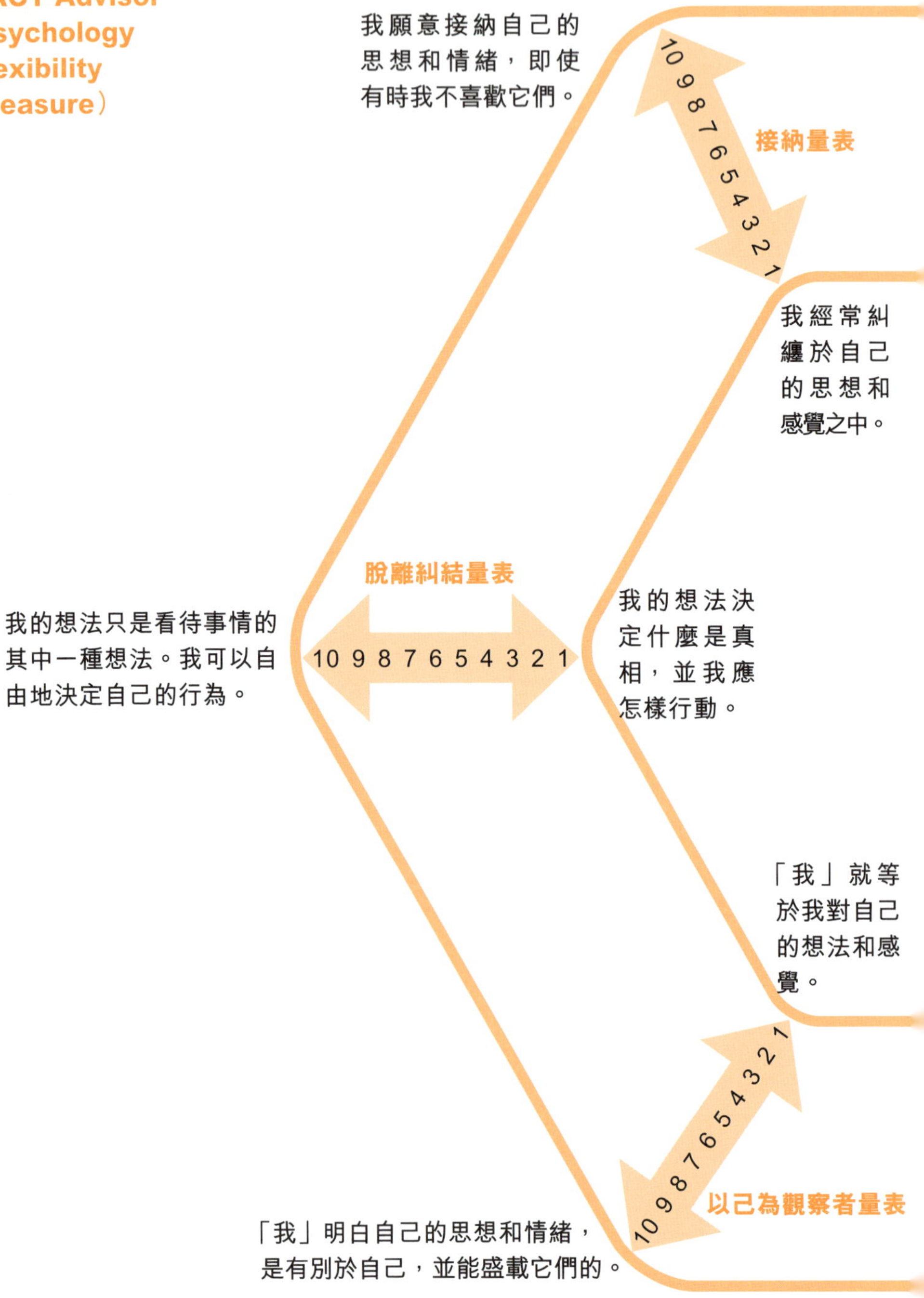

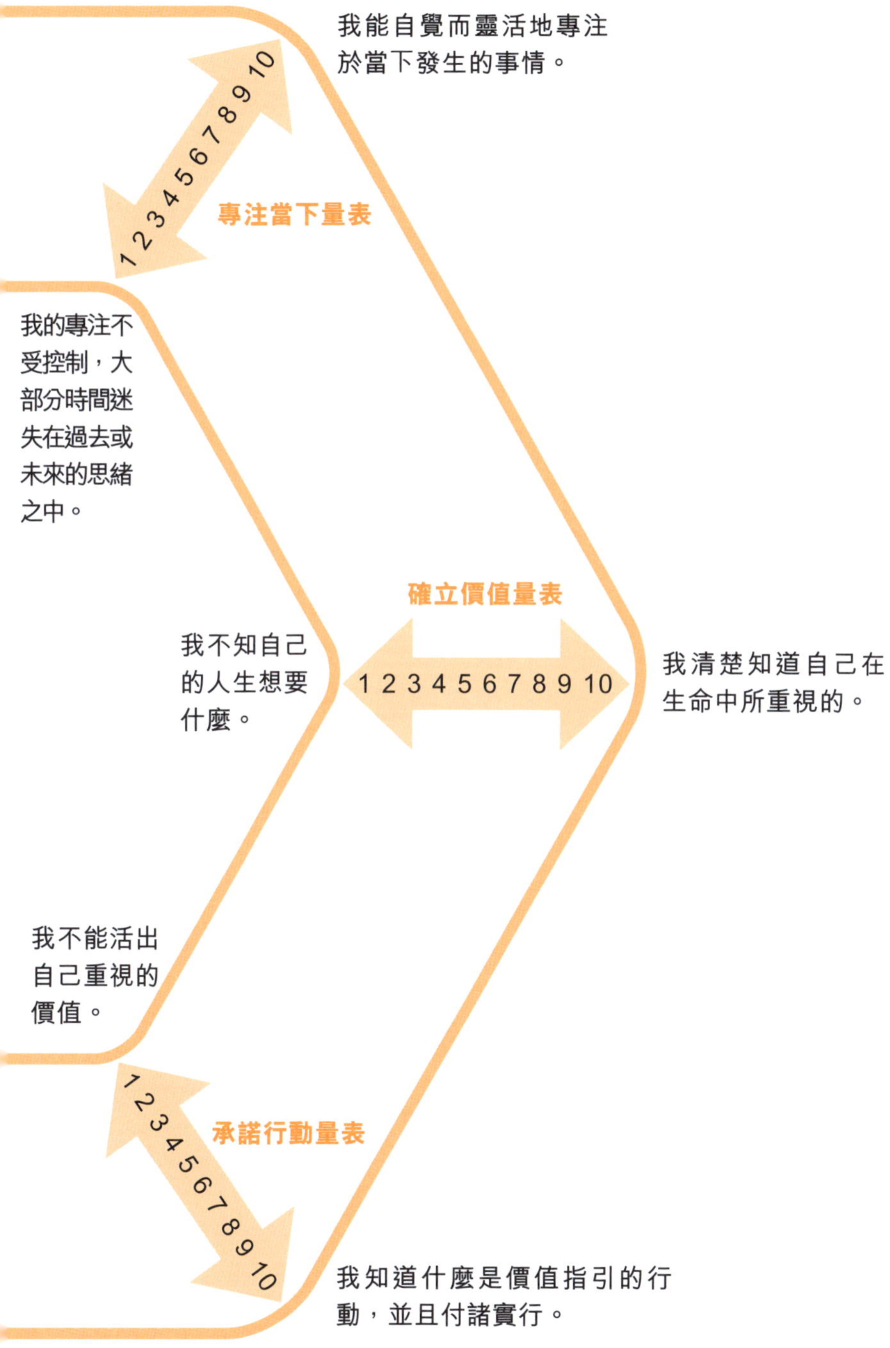

我能自覺而靈活地專注於當下發生的事情。

專注當下量表

1 2 3 4 5 6 7 8 9 10

我的專注不受控制，大部分時間迷失在過去或未來的思緒之中。

確立價值量表

我不知自己的人生想要什麼。

1 2 3 4 5 6 7 8 9 10

我清楚知道自己在生命中所重視的。

我不能活出自己重視的價值。

承諾行動量表

1 2 3 4 5 6 7 8 9 10

我知道什麼是價值指引的行動，並且付諸實行。

總結

我們已到了本書的尾聲了。很高興你讓我們陪伴你走過這 ACT 旅程，但這只是以接納與承諾的精神走入生活的起步點。你雖然已明白 ACT 的生活法則，但若想牢牢地掌握和靈活地運用，仍需要努力和不斷的練習。正如心理靈活性的第六個向度——實踐承諾行動所提示的，你若想改善心理健康，並過一個充實有意義的生活，重點仍是一步步地實行 ACT 的六個法則：脫離糾結、接納經驗、專注當下、以己為境、確立價值和承諾行動。假以時日，你一定可以改善心理健康，並能活得滿有活力和價值。

假若你日後變得更有心理彈性，能夠不被負面思想纏住，開放心靈去經歷一切，能夠真的活在當下，與此時此刻連結，靜觀看待自己的經驗，並以內在價值作為行動的指引，訂立清晰的人生方向和目標，你將會與現在的自己有何不同呢？這會是你所憧憬理想的自己嗎？請緊記一點：心理靈活性是一個過程，而非結果或終點。因此，你現在就可以為改變自己而邁出第一步！

最後，我們特意在書末提供兩個附錄。附錄一陳述了接納與承諾治療背後的理論架構和實證方面的研究，讓讀者進一步加深這方面的認識，並能對這套療法和心理健康模式更具信心。附錄二則提供有關接納與承諾治療的資源，讓有興趣的讀者透過這些資源，進一步了解和掌握接納與承諾模式如何應用在生活當中。

參考文獻

1. Seligman, M. E. P.(2004). *Authentic happiness: Using the new positive psychology to realize your potential for lasting fulfillment*. London: Simon & Schuster Ltd.

2. Ivtzan, I., Lomas, T., Hefferon, K., & Worth, P.(2015). *Second wave positive psychology: Embracing the dark side of life*. London: Taylor & Francis Ltd.

3. Littman-Ovadia, H., & Steger, M.(2010). Character strengths and well-being among volunteers and employees: Towards an integrative model. *Journal of Positive Psychology, 5* (6), 419-430.

4. Peterson, C., & Selisgman, M. E. P.(2004). *Character strengths and virtues: A handbook and classification*. New York: Oxford University Press Inc.

5. http://contextualpsychology.org/act_advisor_psychological_flexibility_measure.

附錄一：接納與承諾治療的理論基礎和實證研究

我們在此附錄會為你簡介接納與承諾治療的理論架構和實證研究，讓有興趣想了解 ACT 多一些的讀者能獲得更全面的認知。

從行為科學的層面來說，接納與承諾治療是建基於一個特定的理論架構——**「功能語境主義」(Functional contextualism)**。[1] ACT 的創立人 Professor Steven Hayes 是一位非常出色的行為科學家，他的研究顯示，若要了解人的行為，就必須釐清兩個重要的問題。

第一，這個行為的功能（function）或效果（effect）是什麼？例如某人自稱他拚命賺錢是因喜歡買東西，實際上他最大的滿足是來自別人羨慕的眼光和得到別人的認同，因此他賺錢的「功能」是獲取認同而非購物。若想改變他的行為，就必須從了解行為的真正功能入手，譬如尋找其他取得認同的方法，或減低對別人認同的依賴等。

第二個問題關乎行為的語境（context）。ACT 重視發生行為的情境或語境，包括所有影響行為的因素，例如個人的歷史和經驗、社會經濟文化因素、社交環境等等。同一個行為在不同的語境下可以有非常不同的意義和後果，例如對質的行為（confrontation），在西方社會可能被視為勇敢和爭取權益的行動，但在東方文化的語境中則可能被視為不尊重和不顧全大局。因此，分析語境是了解和改變行為不能或缺的考慮。

還有一點值得一提。行為不單只是外在的行為，還包括內在的主觀經驗，例如思想、情緒、衝動、渴求等等。因此，上述兩個考慮點，行為的功能和語境，同樣可應用於內在行為，譬如個人的情緒或思想的功能和語境，都應是分析心理的重要考量。舉一個例子說明，情緒的正面功能可以是自我保護，避免損傷，但負面的功能可能是令我們落入情緒的漩渦之中，藉此逃避現實的問題。另一方面，情緒的語境也可以是個人對自己情緒經驗的接納或抗拒的態度，這亦會影響到情緒與思想及行為之間的互動。

此外，接納與承諾治療對思想和語言亦進行了深入的研究，建構出一套**「關係框架理論」（Relational frame theory）**[(2)]。理論指出，因為我們的心智具備「關聯學習」（relational learning）的能力，透過語言可以將各種關聯組織起來，但這也是思想最叫我們糾結和苦惱的原因。就如你有過一些創傷經驗，因語言和認知的自動關聯特性，使我們就算並非遇到真正的危險，心智已將危險的經驗與想法關聯起來，叫我們單是想起也會感到痛苦。於是，我們嘗試壓抑這些想法，愈叫自己不去想，反而會愈想得多。這套「關係框架理論」正好解釋我們容易出現思想糾結的原因，而學習如何脫離糾結就成為 ACT 的一個主要介入手法。

總的來說，接納與承諾治療強調心理靈活性，不希望人將規條和想法捉得太緊，忽略行為實際產生的效果或與語境的互動。ACT 重視行為是否能為個人帶來充實而有意義的生活，並滿足內心深處的渴求和需要。因此，ACT 採取的是**實用主義**的觀點，重視行為的效能

(workability)，即是否能夠幫助個人達到與內在價值相符的目標。即使此行為有動聽的理由支持，若是效能低的話，在 ACT 眼中也不是合宜和可取的。

實證研究

本書關於接納與承諾療法的論述，能讓我們明白 ACT 如何應用於不同的人生問題上，包括各種情緒困擾、面對人生逆境，以及怎樣過一個充實而面向着價值的人生。究竟從實證研究來看，有沒有相關的證據，説明接納與承諾療法確實有效，甚至可以和其他主流的心理治療方法看齊呢？

先看一篇近期的文獻綜述[(3)]，作者回顧了共二十個綜合分析（meta-analyses），當中報導了一百個對照效應值（controlled effect size），合共 12477 位研究對象，可算是近期非常重磅的文獻綜述，對於接納與承諾療法的效能相當有參考價值。結果發現，接納與承諾療法於焦慮、抑鬱、物質濫用、長期痛楚以及跨診斷（transdiagnostic）等組別，都有明顯效能。相對於大部分的對照組，接納與承諾療法的效果也較優越，它的效能與主流的心理治療，例如認知行為治療，不相伯仲。文獻也發現，接納與承諾療法對改善生活質素、幸福感、生活功能有小至中等的對照效應值，而對提升心理靈活性也有小至大程度的對照效應值。

通常心理治療的效能研究有兩種，第一類是相較於所謂非活躍的對照組（non-active controls），包括等待名單對照組（wait-list control）、安慰劑對照組（placebo control）、照常治療對照組（treatment as usual）等等，第二類是相較於活躍的對照組（active controls），即其他的心理治療。研究接納與承諾療法這種相對新興的治療模式的效能，必須要通過兩關。第一關是需要相對於非活躍的對照組具有效能；通過第一關後，才能到達第二關，即相對於活躍的對照組也須具有效能。剛才的文獻綜述發現，接納與承諾療法大致上能通過這兩關，效能與認知行為治療不相上下。我們須知道，認知行為治療在各類心理治療方法中是所謂的「黃金標準」（gold standard），在這裏接納與承諾療法可說和它打了個平手。

在各種病症的應用

以下看看接納與承諾療法應用於不同組別上的效能。首先是各類的焦慮症，一篇文獻綜述發現，接納與承諾療法對於各種焦慮症有中度的效能，這些焦慮症包括廣泛焦慮症、強迫症、強迫頻譜症狀，以及社交焦慮症。接納與承諾療法相對於認知行為治療的效能，並沒有什麼差別[(4)]。另一篇綜合分析也發現，接納與承諾療法可以顯著減輕抑鬱症症狀，它的效能也可以延續到治療完畢三個月後，而對於輕度抑鬱的成年病人效果更為明顯[(5)]。

接納與承諾療法對於長期健康問題也有顯著成效。研究發現，它對於長期痛症的病人有小至中等的效應值[(6)]。另一綜合分析也發現，接納與承諾療法應用於癌症病人上也有很好的效能，能減輕癌症病人的抑鬱、焦慮、心理困擾及壓力，也能提升生活質素[7]。

由於疫情關係，許多的心理治療最近都只能透過遠距護理（telecare）的方式進行。有一篇研究發現，各類長期健康問題的病人身上，以遠距方式（包括電話或視像會議）進行的接納與承諾療法時，亦有很好的效果[8]。這些健康問題包括長期痛症、肥胖、癌症、聽力下降、愛滋病、多發性硬化症、耳鳴等等。

總括來說，大量累積的研究顯示，接納與承諾療法應用於各類情緒病、健康問題所引起的心理困擾，以至提升生活質素、幸福感、心理彈性等方面，都有良好的效果。

參考文獻

1-2. Hayes, S. C., Strosahl, K. D., & Wilson, K. G.(2012). *Acceptance and commitment therapy: An experiential approach to behavior change* (2nd ed.). New York: Guilford Press.

3. Gloster, A. T., Walder, N., Levin, M. E., Twohig, M. P., & Karekla, M.(2020). The empirical status of acceptance and commitment therapy: A review of meta-analyses. *Journal of Contextual Behavioral Science, 18*, 181-192.

4. Bluett, E. J., Homan, K. J., Morrison, K. L., Levin, M. E., & Twohig, M. P.(2014). Acceptance and commitment therapy for anxiety and OCD spectrum disorders: An empirical review. *Journal of Anxiety Disorders, 28* (6), 612-624.

5. Bai, Z., Luo, S., Zhang, L.,Wu, S., & Chi, I.(2020). Acceptance and Commitment Therapy (ACT) to reduce depression: A systematic review and meta-analysis. *Journal of Affective Disorders, 260*, 728-737.

6. Veehof, M. M., Oskam, M., Schreurs, K. M. G., & Bohlmeijer, E. T. (2011). Acceptance-based interventions for the treatment of chronic pain: A systematic review and meta-analysis. *Pain, 152* (3), 533-542.

7. Li, Z., Li, Y., Guo, L., Li, M., & Yang, K.(2021). Effectiveness of acceptance and commitment therapy for mental illness in cancer patients: A systematic review and meta-analysis of randomised controlled trials. *International Journal of Clinical Practice, 75* (6).

8. Herbert, M. S. et al.(2022). Technology-supported Acceptance and Commitment Therapy for chronic health conditions: A systematic review and meta-analysis. *Behaviour Research and Therapy, 148* (3), 103995.

附錄二：
接納與承諾治療相關資源

中英文書籍

Harris, R.(2008). *The happiness trap: How to stop struggling and start living: A Guide to ACT*. Auckland: Exisle Publishing.（中文版：羅斯 · 哈里斯：張美惠譯：《快樂是一種陷阱》，台北：張老師文化，2009。）

Hayes, S. C.(2005). *Get out of your mind and into your life: The new acceptance and commitment therapy*. Oakland: New Harbinger Publications.（中文版：史蒂芬 · 海斯：張本聖、丁郁芙、蘇益賢譯：《走出苦難，擁抱人生：接受與承諾治療自助手冊》，台北：張老師文化，2017。）

Hayes, S. C., Strosahl, K. D., & Wilson, K. G.(2012). *Acceptance and commitment therapy: An experiential approach to behavior change* (2nd ed.). New York: Guilford Press.

Harris, R.(2019). *ACT made simple: An easy-to-read primer on acceptance and commitment therapy* (2nd ed.). Oakland: New Harbinger Publications.（中文版：羅斯 · 哈里斯：張本聖譯：《ACT 一學就上手》，台北：張老師文化，2015。）

Twohig, M. P., Levin, M. E., & Ong, C. W.(2020). *ACT in steps: A transdiagnostic manual for learning acceptance and commitment therapy*. New York: Oxford University Press.

應用程式

- ACT Coach
- ACT Companion (The Happiness Trap)
- ACT iCoach

影片

東華三院何玉清教育心理服務中心製作：

【接納與承諾療法：心理教育短片】1：原始人心智
https://www.youtube.com/watch?v=xxcPFoob9GA

【接納與承諾療法：心理教育短片】2：迴轉壽司比喻
https://www.youtube.com/watch?v=pyRj5n7jBb4

【接納與承諾療法：心理教育短片】3：絕望與悲觀收音機
https://www.youtube.com/watch?v=qtaMNysjjUo

【接納與承諾療法：心理教育短片】4：內心的掙扎（國際象棋）
https://www.youtube.com/watch?v=13LDYw4AKOU

【接納與承諾療法：心理教育短片】5：核心價值 vs. 目標
https://www.youtube.com/watch?v=BxHYOpCagH8

【接納與承諾療法：心理教育短片】6：追求快樂
https://www.youtube.com/watch?v=HjkzTHhEPsE

【接納與承諾療法：心理教育短片】7：掙扎開關
https://youtu.be/_2G1XOdBz34

【接納與承諾療法：心理教育短片】8：選擇關頭
https://youtu.be/UI2uWUTE6-4

【接納與承諾療法：心理教育短片】9：舞台比喻
https://youtu.be/r65JESIIhwk

學會

The Association for Contextual Behavioral Science (ACBS)
https://contextualscience.org/

國際語境行為科學協會香港分會（The Association for Contextual Behavioural Science, Hong Kong Chapter）
https://contextualscience.org/hong_kong
https://www.facebook.com/Association-for-Contextual-Behavioural-Science-Hong-Kong-Chapter-101233421526248/